Heidrun Becker

Kinder mit Wahrnehmungs-störungen

Ein Ratgeber für Eltern, Pädagogen und Therapeuten

Das Gesundheitsforum

Schulz-Kirchner Verlag

Bibliografische Information der Deutschen Nationalbibliothek

Die Deutsche Nationalbibliothek verzeichnet diese Publikation in der Deutschen Nationalbibliografie; detaillierte bibliografische Daten sind im Internet über http://dnb.d-nb.de abrufbar.

Die Informationen in diesem Ratgeber sind von der Verfasserin und dem Verlag sorgfältig erwogen und geprüft, dennoch kann eine Garantie nicht übernommen werden. Eine Haftung der Verfasserin bzw. des Verlages und seiner Beauftragten für Personen-, Sach- und Vermögensschäden ist ausgeschlossen.

Besuchen Sie uns im Internet: www.schulz-kirchner.de

2. Auflage 2007
1. Auflage 2005
ISBN 978-3-8248-0379-8

Titelabbildungen: www.photocase.de, Archiv Schulz-Kirchner Verlag
Fachlektorat: Beate Kubny-Lüke
Lektorat: Doris Zimmermann
Umschlagentwurf und Layout: Petra Jeck
Druck und Bindung: wd print + medien GmbH & Co., Wetzlar
Printed in Germany

Heidrun Becker

Kinder mit Wahrnehmungsstörungen

Ein Ratgeber für Eltern, Pädagogen und Therapeuten

Die Autorin

Heidrun Becker
ist Ergotherapeutin und Dipl.-Medizinpädagogin. Seit 22 Jahren behandelt sie Kinder mit Entwicklungsstörungen, Wahrnehmungsstörungen, körperlichen und geistigen Behinderungen. Als Ausbildungsleiterin und Dozentin war sie 11 Jahre in der Aus- und Weiterbildung von Ergotherapeuten tätig. Neben der praktischen Arbeit veröffentlicht sie Beiträge im Bereich Pädiatrie und ist als Lektorin und Redakteurin für medizinische Verlage tätig.

Inhaltsverzeichnis

Danksagung

Ich danke allen Eltern und Kindern, die mir geholfen haben, diesen Ratgeber zu schreiben, indem sie ihre Erfahrungen mit mir teilten. Besonders danke ich auch denjenigen, die mir die Erlaubnis gaben, Fotos und Abbildungen zu verwenden. Außerdem danke ich allen Müttern, Kolleginnen und Lektorinnen, die mich durch ihre Rückmeldungen zum Manuskript unterstützten.

Vorwort zur Reihe

Die „Ratgeber für Angehörige, Betroffene und Fachleute" vermitteln kurz und prägnant grundlegende Kenntnisse (auf wissenschaftlicher Basis) und geben Hilfestellung zu ausgewählten Themen aus den Bereichen Ergotherapie, Sprachtherapie und Medizin.
Die Autorinnen und Autoren dieser Reihe sind ausgewiesene Fachleute, die seit vielen Jahren als Therapeuten in der Behandlung und Beratung und/oder als Dozenten in der Aus- und Weiterbildung tätig sind. Sie sind jeweils für den Inhalt selbst verantwortlich und stehen Ihnen für Rückfragen gerne zur Verfügung.

Im vorliegenden Band „Kinder mit Wahrnehmungsstörungen" hat Heidrun Becker, Ergotherapeutin und Dipl.-Medizinpädagogin, ihre über 20-jährige Erfahrung mit Kindern mit Entwicklungs- und Wahrnehmungsstörungen sowie körperlichen und geistigen Behinderungen zu einem umfassenden Ratgeber für Eltern und andere Fachleute zusammengestellt. In verständlicher Form werden die grundlegenden Theorien, auf der die Wahrnehmung und Wahrnehmungsverarbeitung beruhen, dargestellt. Es werden professionelle Hilfeangebote vorgestellt und immer wieder konkrete Tipps für den Alltag gegeben. Eine umfassende Literatur- und Kontaktliste darf dabei selbstverständlich nicht fehlen, so dass Ratsuchende schnell an die „richtige" Adresse gelangen.

Wir hoffen, mit diesem Ratgeber dazu beizutragen, dass das Leben mit Kindern mit Wahrnehmungsstörungen von weniger Schwierigkeiten geprägt ist und die Freude am Zusammenleben mit Kindern wieder geweckt wird.

April, 2005
Reinhild Ferber
Herausgeberin für den DVE

Einleitung

Liebe Leserinnen und Leser,

dieser Ratgeber möchte Ihre Aufmerksamkeit für das Spüren und Tasten, für das Bewegt-Werden und Sich-Bewegen, für das Riechen und Schmecken, für das Sehen und Hören wecken. Über die Wahrnehmung erleben wir unsere Umwelt, durch die Wahrnehmung können wir uns in ihr zurecht finden und mit ihr in Kontakt treten und sie verändern. Kommt es zu Störungen im komplizierten Prozess der Wahrnehmung, können daraus viele Probleme im Alltag entstehen.
Über diese Störungen möchte ich Sie informieren und Ihnen dabei helfen, Kinder mit Wahrnehmungsstörungen besser zu verstehen. Ein Überblick über professionelle Hilfe soll Ihnen eine Orientierung geben. Übungen zum Ausprobieren sollen Sie dazu anregen, selbst einmal nachzuspüren, wie Sie die Welt wahrnehmen.

Ein Ratgeber kann keine konkreten Ratschläge für das Kind mit Wahrnehmungsstörungen bieten, das Ihnen zu Hause, im Kindergarten, der Schule oder der Therapie begegnet.

Da Wahrnehmungsstörungen sehr komplex sind und sich bei jedem Kind anders zeigen, muss die therapeutische Hilfe individuell sein und nur der behandelnde Arzt oder die Ärztin oder der Therapeut oder die Therapeutin können Ihnen ganz genaue Ratschläge und Empfehlungen für das einzelne Kind geben.

Im Alltag muss jeder Mensch eine Vielzahl von Handlungen vollziehen. Uns gehen diese Handlungen meist leicht von der Hand, wir sind sie gewohnt und können sie routiniert durchführen. Für das Kind mit Wahrnehmungsstörungen sind es jedoch gerade die scheinbar einfachen Dinge wie Körperpflege, essen, schlafen, spielen, mit anderen zusammen sein, lernen, Hausaufgaben machen usw., die ihm das Leben schwer machen. Als Eltern oder Pädagogen stellt man sich häufig die Frage: Kann das Kind das wirklich nicht? Wenn es sich mehr anstrengen würde, müsste es ihm doch gelingen ...

Sehen wir uns eine für Erwachsene typische Alltagshandlung einmal genauer an: Auto fahren. Es ist uns so selbstverständlich, dass wir an manchen Tagen noch nicht einmal wissen, wie wir von der Arbeit im Auto nach Hause gekommen sind. Es scheint fast so, als würde das Auto seinen Weg alleine zurücklegen. Auf gewohnten Fahrtwegen haben wir den Kopf frei für andere Dinge und denken über das nach, was uns gerade interessiert, oder hören Radio.

Aber wenn Sie sich an Ihre ersten Fahrstunden erinnern, fällt Ihnen wieder ein, wie anstrengend diese waren und wie Sie gefordert wurden.
Das Fahren selbst war zu bewältigen:

- den linken Fuß herunterbewegen, um die Kupplung zu treten; mit dem rechten Fuß gleichzeitig das Gaspedal herunterdrücken, aber nicht zu schnell; jetzt langsam die Kupplung wieder nach oben kommen lassen, aber nicht zu schnell. Der erste Gang musste mit der Hand eingelegt werden, vielleicht noch ein Blinker gesetzt werden.

Der Verkehr musste beachtet werden:

- den Kopf wenden und sehen, ob ein anderer Verkehrsteilnehmer kommt; hören, was der Fahrlehrer sagte, welche Geräusche das Auto machte, ob jemand hupte etc.

Plötzlich roch etwas unangenehm, Sie hatten vergessen die Handbremse zu lösen. Ihr Mund wurde trocken und der Schweiß brach Ihnen aus, Ihnen wurde heiß oder kalt. Sich im Verkehr fortzubewegen, forderte alle Kraft und Energie.

Schaut man sich einzelne Handlungsschritte noch genauer an, stellt man fest, dass eine Vielzahl von Muskelbewegungen mit ihnen verbunden ist.
Wie kommt es, dass der Körper genau weiß, wann welche Muskeln bewegt werden müssen, wie stark die Bewegung sein muss und wie lange? Wie kommt es dazu, dass wir nach einiger Übung kaum noch Aufmerksamkeit für die Handlung benötigen?

Mit Hilfe der Wahrnehmung gelingt es dem Nervensystem, diese Abläufe zu steuern. Um zu verstehen, wie das geschieht, ist es notwendig, das Nervensystem zu betrachten (Kapitel 1 und Kapitel 2). Es ist ein wahres Wunderwerk. Es ist so komplex, dass Wissenschaftler es noch längst nicht vollständig entschlüsselt haben.

Aber einige Erkenntnisse über die Arbeit unseres Nervensystems stehen bereits zur Verfügung. Sie können uns helfen, zu verstehen, warum es für das Kind mit Wahrnehmungsstörungen so schwer ist, im Alltag zurechtzukommen (Kapitel 3). Haben wir das erst einmal verstanden, können wir Ideen entwickeln, die zu einem ruhigeren und harmonischeren Alltag beitragen (Kapitel 4). Dabei stehen Ihnen professionelle Helfer zur Seite (Kapitel 4). Der Kontakt zu anderen betroffenen Eltern kann ebenfalls eine große Unterstützung sein (Kontaktadressen und Websites).

Natürlich kann hier nur ein Überblick und eine Einführung in die Thematik erfolgen. Wer sich eingehender informieren möchte, erhält dazu Tipps in den Literaturhinweisen.

Das Nervensystem

Das Nervensystem steuert unsere Bewegungen und Reaktionen auf die Umwelt. Es besteht aus

- dem zentralen Nervensystem,
- dem peripheren Nervensystem
- und dem autonomen oder vegetativen Nervensystem.

Das zentrale Nervensystem

Das zentrale Nervensystem ist die Steuerzentrale für unser Denken, Fühlen und Handeln. Es hilft uns wahrzunehmen, was um uns herum geschieht, und die Entscheidungen zu treffen, die für unser Überleben wichtig sind. Als Grundlage für diese Entscheidungen dient die Wahrnehmung. Über die Sinnesorgane Auge, Ohr, Nase, Zunge, Haut, Muskeln und Gelenke und innere Organe erfahren wir, was im Körper und in der Umwelt geschieht. Das Gehirn setzt aus diesen Reizeindrücken (auf die an anderer Stelle noch genauer eingegangen wird) ein Bild zusammen. Dabei greift das Gehirn auf Erfahrungen zurück, die wir schon einmal gemacht haben und die in unserem Gedächtnis gespeichert sind.
Hauptziel des Gehirns ist dabei, ein logisches und sinnvolles Bild der Umwelt zu geben.

Das Bild der Umwelt soll logisch und sinnvoll sein.

Um diesem Ziel nahe zu kommen, ergänzt das Gehirn unvollständige Bilder und deutet Informationen um, damit sie einen Sinn ergeben. So entstehen z.B. optische Täuschungen, aber auch andere Irrtümer.

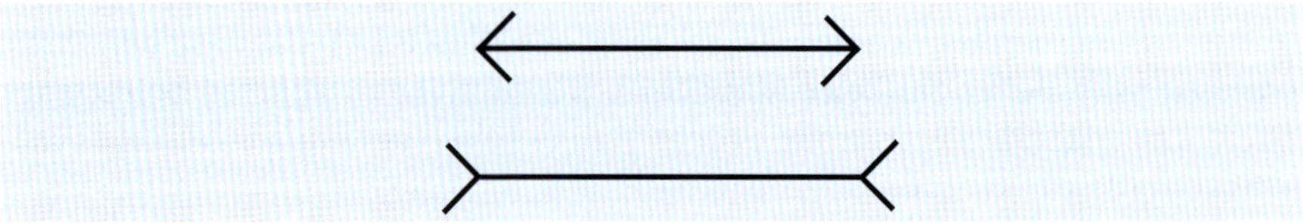

Abb. 1: Optische Täuschung: Beide Linien sind gleich lang, durch die unterschiedlichen Pfeilrichtungen entsteht jedoch der Eindruck, sie seien verschieden lang

Pro Sekunde trifft eine Vielzahl von Reizen im Gehirn ein und wird verarbeitet, d.h., die Reize werden verglichen, sortiert, ausgewählt, unterdrückt oder verstärkt und zusammengesetzt.

Das Gehirn wählt die Reize aus, die in einem bestimmten Moment für uns sinnvoll und wichtig sind.

Gehen wir z.B. hungrig durch eine Einkaufsstraße, scheint es überall nach Essen zu riechen: Wir riechen das Brot aus der Bäckerei, die Pizza aus einem Imbiss. Uns fallen verlockende Hinweise auf Speisen auf Schildern und in den Schaufenstern auf.
Sind wir jedoch satt, nehmen wir das alles gar nicht wahr. Stattdessen springen uns die Dinge ins Auge, für die wir uns gerade interessieren: Schuhe, Kleidung oder auch das Hinweisschild für eine öffentliche Toilette.
Beschäftigt uns etwas gefühlsmäßig besonders, so scheint es überall Verbindungen zu diesem Thema zu geben: Eine Frau, die gerade erfahren hat, dass sie ein Kind erwartet, sieht überall Kinder und schwangere Frauen. In jedem Text meint sie Worte zu entdecken, die sie an das Thema Schwangerschaft erinnern. Das passiert, wenn Worte ähnlich geschrieben werden.

Die Auswahl von Reizen können wir bewusst herbeiführen, wir können sie aber auch gar nicht bemerken. Unser Handeln wird trotzdem von ihnen bestimmt. So kaufen wir z.B. im Supermarkt mehr Essen ein, wenn wir hungrig sind, als wenn wir satt sind. In der Werbung setzt man gezielt Sinnesreize ein, um uns zum Kauf eines bestimmten Produkts zu verleiten. Hier wird besonders auf einen Bereich der Sinnesverarbeitung gesetzt: Die Assoziationen, d.h. Gedankenverbindungen und Deutungen, die wir mit einer bestimmten Farbe, Form oder einem Geruch verbinden. Musik, Düfte und Farben versetzen uns in eine entspannte Stimmung, die dazu motiviert, etwas einzukaufen. Deutlich wird dies z.B. in der Zigarettenwerbung. Hier werden Bilder von Abenteuer, Freizeit und fröhlicher Gesellschaft mit dem Rauchen verbunden.

Das Gehirn reagiert auf die Reize aus der Umwelt mit einer Bewegung.

Alles Leben findet in Bewegung statt und sei es nur in der Bewegung der Augen, des Darms oder des Brustkorbes beim Atmen.

Das Nervensystem stellt die Brücke zwischen Wahrnehmen und Bewegen her.

Mehr Informationen zur Wahrnehmung finden Sie in Kapitel 3.

Bewegung

Die Reaktion auf Reize aus der Umwelt kann auf verschiedenen Ebenen geschehen: Sie kann

1. ohne eine uns bewusste Steuerung erfolgen oder
2. durch Beteiligung unseres Bewusstseins.

Bewegungen, die wir ohne Beteiligung unseres Bewusstseins und Willens ausführen

Ohne unsere bewusste und überlegte Planung kommt es zu Reflexen und zu Reaktionen.

Reflexe

Reflexe ermöglichen eine direkte Reaktion auf einen Reiz, schnell und unmittelbar, ohne dass wir eine Entscheidung zur Bewegung treffen müssen.

Sehr bekannt ist der Patellarsehnenreflex: Er wird ausgelöst, wenn z.B. der Arzt mit einem Hämmerchen auf die Sehne unter der Kniescheibe schlägt. Als Folge streckt sich das Bein im Kniegelenk.

Ausgelöst werden die Reflexe durch einen inneren (z.B. Dehnung des Muskels wie beim Patellarsehnenreflex) oder äußeren Reiz wie Druck, Schmerz, Berührung, Temperatur. Sie dienen dem Schutz des Körpers, bewirken Flucht oder Rückzug, sichern aber auch das Überleben des Säuglings durch Saug- und Schluckreflexe. Die Reflexe gehören zu den Funktionen des Rückenmarks, das sich durch unsere Wirbelsäule bis zum Kopf zieht. Durch das Rückenmark ziehen Fasern zum Gehirn, die Information aus den Muskeln, Gelenken und der Haut weitergeben. Ebenso ziehen Nervenfasern vom Gehirn durch das Rückenmark zu den Muskeln. Sie veranlassen die Muskeln, sich zusammenzuziehen oder auszudehnen und erzeugen so eine Bewegung. Im Falle eines Reflexes z.B. das Wegziehen der Hand von einer heißen Herdplatte.

Reaktionen

Komplexer als die Reflexe sind sogenannte Reaktionen. Besonders bedeutsam sind die Gleichgewichtsreaktionen. Durch sie kann der Körper eine aufrechte Position im Raum bewahren.

Gleichgewichtsreaktionen reichen von kleinsten, kaum spürbaren Spannungsveränderungen der Muskulatur bis hin zu Bewegungen der Extremitäten und des Rumpfes, um das Gleichgewicht zu halten.

Ziehen wir uns z.B. eine Hose oder einen Schuh an, müssen wir im Stand auf einem Bein die Körperspannung so verändern, dass das Gewicht des Körpers gehalten werden kann. Zunächst genügt es, die Spannung in den Beinmuskeln und dem Rumpf zu erhöhen. Gerät das Gewicht aber noch mehr auf die Seite, auf der wir stehen, muss der Körper Arme und Rumpf zum Ausgleich einsetzen, damit wir nicht umfallen. Kommt der Körperschwerpunkt noch weiter aus der Mitte und droht zu

stürzen, wird der Körper durch Stützreaktionen geschützt. Die Arme fangen dann z.B. den Körper ab und schützen den Kopf vor Verletzungen.
Zur Ausführung der Gleichgewichtsreaktionen benötigt das ZNS Informationen aus dem Körper (aus Muskeln, Gelenken und der Haut), über die Stellung des Körpers im Raum (Gleichgewichtssinn) sowie über die Umwelt (über Augen und Ohren). Je nachdem, welches Ziel wir mit einer Bewegung erreichen wollen, erstellt der Körper eine Art „Bewegungsprogramm". Während wir die Bewegung ausführen, wird ständig kontrolliert, inwieweit das Ziel erreicht wird und notwendige Korrekturen werden veranlasst.
Das Kleinhirn (s.u.) und weitere übergeordnete Bereiche des ZNS sind an diesem Prozess beteiligt.

Extrapyramidal-motorisches System

Im Gehirn selbst gibt es verschiedene Bereiche, die jeweils bestimmte Aufgaben erfüllen. Mit dem Begriff „extrapyramidal-motorisches System" beschrieb man die Bereiche, die besonders wichtig für die Vorbereitung und Kontrolle der Bewegung sind und es ermöglichen, Bewegungsabläufe auszuführen, ohne dass wir ihre Ausführung bewusst steuern müssen. Dazu gehören alle unsere Fertigkeiten, die wir zunächst gelernt haben und die uns dann in Fleisch und Blut übergegangen sind: Schreiben, Radfahren, Schwimmen, Schlittschuhlaufen, Reiten, Tennisspielen etc.
Aber auch unsere Körpersprache gehört dazu: Wenn wir voller Energie und guter Laune sind, gehen wir beschwingt und kraftvoll, unser Rücken ist gerade, unser Gesicht und unsere Augen strahlen, unsere Stimme ist kräftig, vielleicht sogar laut.
Fühlen wir uns müde, kraftlos oder traurig, wirkt auch unser Gang schleppend, wir halten uns gebückt und sind langsam, unsicher, rempeln vielleicht eher irgendwo an oder lassen etwas fallen. Unsere Stimme ist eher leise, wir nuscheln oder sprechen monoton.
Inzwischen weiß man, dass die einzelnen Funktionsbereiche im Gehirn weniger scharf voneinander abzugrenzen sind und sieht die Unterscheidung eines extrapyramidal-motorischen Systems als überholt an. Dennoch ist sie hilfreich, um sich bewusst zu machen, dass wir normalerweise viele Bewegungen und Handlungen ausführen können, ohne sie mit dem Bewusstsein zu kontrollieren. Gelingt dies aufgrund der Wahrnehmungsstörungen einem Kind nicht, muss es sehr viel Energie und Aufmerksamkeit auf die Bewegung verwenden und kann sich weniger auf andere Handlungen (wie z.B. zuhören, eine Rechenaufgabe lösen, auf den Verkehr achten etc.) konzentrieren. Meist sind die Kinder auch schneller erschöpft und halten Tätigkeiten nicht lange durch.

Gefühle beeinflussen unsere Motorik.

Ein weiteres System im Gehirn ist für Wahrnehmen und Fühlen gleichzeitig zuständig: Das **limbische System** (siehe Kapitel 3). Eine Hirnregion des limbischen Systems wird das Riechhirn genannt. Der Begriff zeigt eine enge Verbindung zwischen unseren Gefühlen und den Sinnesreizen.

Die Bewegungen müssen aufeinander abgestimmt und richtig dosiert werden.

Um nicht hinzufallen, wenn wir uns bewegen und immer wieder das Gewicht verlagern, müssen wir immer wieder den Körperschwerpunkt ausgleichen. Das ist Aufgabe des **Kleinhirns**. Es überwacht die Feinabstimmung der Bewegungen: Es gibt Impulse für die Spannung der Muskulatur, sorgt für die Aufrechterhaltung des Gleichgewichts und dafür, dass die Bewegung gut koordiniert wird. Es benötigt dazu die Informationen aus den Muskeln, Gelenken und dem Gleichgewichtsorgan (siehe Kapitel 3).

Körpersprache

Neben der stimmungsabhängigen Körpersprache hat jeder Mensch auch eine individuelle Art sich zu bewegen, die ihn deutlich von anderen Menschen unterscheidet.

Manche Gesten und manche Gesichtsausdrücke sind universell, d.h. sie werden von allen Menschen auf der Welt verstanden. Dazu gehören z.B. das Lächeln und das Weinen. Viele andere Gesten und Haltungen lernen wir jedoch innerhalb unserer Kultur. Ein Beispiel hierfür ist die ausdrucksstarke Gestik der Südeuropäer.

Die Körpersprache hilft uns einander zu verstehen. Wir erkennen bekannte Menschen am Gang, an der Stimme und wir nehmen durch die Körpersprache wahr, wie es einer Person geht. Dies ist besonders in der Versorgung von Säuglingen wichtig. Da sie sich vor allem über die Körpersprache mitteilen, müssen die Eltern anhand der Körperhaltung, des Gesichtsausdrucks und der Stimme erkennen, wie es dem Kind geht.

Normalerweise geschieht dies unbewusst, wir müssen es in der Regel nicht lernen, die Körpersprache eines Säuglings zu verstehen. So hat die Forschung ergeben, dass bereits Kinder, die mit einem Säugling sprechen, sich ihm exakt auf die Entfernung nähern, in der das Baby scharf sehen kann. Automatisch spricht man mit einem Säugling in einer höheren Stimmlage und trifft dabei genau die Tonlage, auf die das Baby besonders gut reagiert.

Diese „Gespräche" zeigen wunderbar, dass Menschen bereits von Beginn an (und das gilt auch für die Zeit im Mutterleib) Kontakt zu ihrer Umwelt suchen und auf sie reagieren. Und wie in jedem Gespräch passen sich die Partner aneinander an, lernen voneinander und erleben so die Freude des Miteinanderseins.

Ist die Wahrnehmung gestört, beeinträchtigt dies auch die Kommunikation und Beziehung zwischen dem Kind und den Personen, die es versorgen.

Bewegungen, die wir mit Beteiligung unseres Bewusstseins und Willens ausführen

Die Großhirnrinde

Konzentrieren wir uns auf eine Bewegung und führen diese bewusst aus, ist daran unsere Großhirnrinde beteiligt. Sie besteht aus einer Vielzahl verschiedener Zentren, die bestimmte Funktionen erfüllen, z.B. Zentren für die Sprache, für das Rechnen, das Lesen, für das Wahrnehmen von Sinneseindrücken, für Bewegung etc.
Je komplexer eine Handlung ist, umso wichtiger ist die Zusammenarbeit verschiedener Zentren. Die Aufgaben werden zwischen den beiden Hirnhälften unterschiedlich verteilt, besonders wichtig ist es, dass diese gut miteinander arbeiten. Dies geschieht durch einen Verbindungsstrang aus Nervenzellen, dem Balken.

Motorisches Lernen

Lernen wir eine neue Bewegung, wird sehr viel Großhirnaktivität eingesetzt. Die Bewegung wird bewusst eingeleitet und die anderen, bereits erwähnten Zentren und Sinnesreize werden benutzt. Versuchen wir das erste Mal auf Schlittschuhen zu stehen, konzentrieren wir uns auf die Beine und Füße, aber auch auf unseren Oberkörper, um nötige Ausgleichsbewegungen z.B. mit den Armen auszuführen. Wenn es uns gelingt, für einen Moment zu stehen oder gar zu fahren, spüren wir, welche Haltung sich gut und sicher anfühlt. Beim nächsten Mal versuchen wir diese Haltung wieder einzunehmen. Wir gehen vielleicht ein bisschen in die Knie, legen den Oberkörper etwas nach vorne. Jemand gibt uns Tipps und wir versuchen

Abb. 2: Schlittschuh laufen lernen

sie auszuprobieren oder wir beobachten die anderen Läufer und versuchen sie nachzuahmen. Mit jeder Wiederholung können wir auf den vorherigen Erfahrungen aufbauen und schließlich, nach vielen Wiederholungen, müssen wir uns nicht mehr konzentrieren und können einfach Schlittschuh fahren. Nun haben wir genügend Aufmerksamkeit und Energie, um auf die anderen Schlittschuhläufer oder die Musik aus dem Lautsprecher zu achten und können uns nun am Geschehen um uns herum erfreuen. (Natürlich erst, nachdem wir auch das Bremsen und Ausweichen gelernt haben!)

Nach dem beschriebenen Lernprozess nennt man diese Bewegung „automatisierte Bewegung", denn sie ist möglich, ohne dass wir unser Bewusstsein auf sie richten. Unsere Aufmerksamkeit ist frei für andere Dinge.

Bewegungen müssen häufig wiederholt und dabei gespeichert werden, bevor sie automatisiert ausgeführt werden können.

Guter Wille allein genügt nicht, um eine Bewegung zu lernen.

Ob und wie schnell ein Kind eine neue Bewegung lernt, hängt auch von den Anteilen der Bewegung ab, die nicht bewusst gesteuert werden, wie z.B. der Muskelspannung und den Gleichgewichtsreaktionen. Wir können also nicht erwarten, dass das Kind etwas besser machen kann, wenn es „nur will" oder sich genug anstrengt. Vielmehr muss in der Therapie an den Voraussetzungen gearbeitet werden. Kindern mit Wahrnehmungsstörungen fällt das motorische Lernen schwerer, sie werden schneller frustriert und bringen oft nicht die Ausdauer mit, um es immer und immer wieder zu versuchen. Auch aus diesem Grund ist eine therapeutische Hilfe wichtig.

Das periphere Nervensystem

Nervenfasern, die vom Rückenmark zur Haut und zu den Muskeln ziehen und umgekehrt Impulse zum Rückenmark leiten, gehören zum **peripheren Nervensystem**. Die Nervenfasern beginnen am Rückenmark, sie formen zuerst Geflechte (z.B. das Armgeflecht zur Versorgung der Arme) und fächern sich dann immer weiter auf. Außerdem gehören die 12 Hirnnervenpaare zum peripheren Nervensystem. Sie verlassen oberhalb des Rückenmarks das zentrale Nervensystem. Sie haben verschiedene Aufgaben:

- Weiterleitung von Sinnesreizen wie Riechen, Schmecken, Sehen und Hören,
- Ausführung von Bewegungen, z.B. der Augen und der Zunge,
- Mitwirkung bei vegetativen Funktionen (siehe vegetatives Nervensystem).

Das vegetative Nervensystem

Das vegetative Nervensystem nennt man auch autonomes Nervensystem. Das drückt aus, dass es unabhängig von der Großhirnrinde, also unserem Willen arbeitet. Es steuert alle lebenswichtigen Funktionen: Atmung, Kreislauf, Verdauung, Stoffwechsel, Wasserhaushalt und z.T. auch die Sexualfunktionen.

Zwei Teilsysteme sind besonders zu erwähnen:
- das parasympathische System
- und das sympathische System

Das **sympathische System** steuert unsere Lebensfunktionen, wenn wir aktiv sind, arbeiten und auf Anforderungen reagieren müssen. Dazu gehört auch die schnelle Reaktion in lebensbedrohlichen Situationen, in denen wir entweder fliehen oder kämpfen müssen (Stressreaktion). Das sympathische System steigert dann die Atmung und den Kreislauf. Die Wahrnehmung wird besonders intensiv und aufmerksam, jeder Reiz erscheint verstärkt. Man könnte sagen, das sympathische System sensibilisiert uns für den Außenkontakt. Gleichzeitig werden Stoffwechsel- und Verdauungsprozesse vermindert.
Das **parasympathische System** ist für die Phasen der Ruhe und Entspannung zuständig. Es verstärkt Stoffwechsel, Wasserausscheidung und Verdauung; Atmung und Kreislauf werden eher verlangsamt.

Zur Wahrnehmung hat das vegetative Nervensystem eine enge Verbindung.

Wahrnehmungseindrücke können starke Reaktionen wie z.B. Schwindel, Übelkeit, Herzklopfen und Schweißausbrüche auslösen.

Denken wir z.B. an Geräte auf dem Rummelplatz: Achterbahnen, Karussell, Riesenrad. Die Reize, die wir auf ihnen erleben, können so stark sein, dass sie den Körper in eine Stressreaktion versetzen und wir mit Schweißausbruch, Übelkeit und Herzklopfen darauf reagieren.
Im Schaukelstuhl oder in der Hängematte dagegen kann es uns passieren, dass wir durch die sanften Schaukelbewegungen so entspannen, dass wir einschlafen.

Wie wir wahrnehmen

Für den Begriff „Wahrnehmung" gibt es keine eindeutige Definition.

So wird er im **medizinischen** Wörterbuch definiert:
„Allgemeine Bezeichnung für den komplexen Vorgang von Sinneswahrnehmung, Sensibilität und integrativer Verarbeitung von Umwelt- und Körperreizen."
(Pschyrembel 2002, S. 1779)

In der **psychologischen** Literatur:
„Wahrnehmung ist die sinngebende Verarbeitung von Reizen."
(Kayser 2003, S. 24)

Und in der **Philosophie** z.B. nach Aristoteles:
Aristoteles unterschied die sinnliche und die geistige Wahrnehmung. Während man für die sinnliche Wahrnehmung einen Gegenstand, ein Objekt benötigt, das sich materiell be-greifen lässt, können die Dinge durch die geistige Wahrnehmung auf diesen Erfahrungen aufbauend durch Vorstellung und Fantasie erfasst werden. Aus philosophischer Sicht versteht man unter Wahrnehmung das Ge-„wahr"-werden und das gedankliche Für-„wahr"-halten.

Die Wahrnehmung interessiert also Wissenschaftler unterschiedlicher Richtungen. Obwohl inzwischen einige Abläufe der Wahrnehmung erforscht sind, ist das Geschehen „Wahrnehmung" so komplex, dass es noch nicht umfassend erklärt werden kann.

Aus der Arbeitsweise des Gehirns ergeben sich zwei wichtige Prinzipien:

Wahrnehmung ist subjektiv, d.h. abhängig von der Person, die etwas wahrnimmt.

Mit anderen Worten: Wenn zwei Menschen etwas gemeinsam erleben, nehmen sie es völlig verschieden wahr. Stellen wir uns eine Zeugenbefragung nach einem Banküberfall vor:
Für den einen Zeugen war die Person groß, weil er selbst eher klein ist. Er erinnert sich an eine grüne Mütze. Ein anderer Zeuge schildert den Täter als klein und untersetzt, weil er selbst sehr groß und schlank ist. Er spricht von einer blauen Kappe. Eine dritte Zeugin kann Angaben zu den Bewegungen des Täters machen und beschreibt sehr genau die Kleidung. Die Mütze war nach ihren Angaben blau mit einem grünen Muster.

Eine vierte Zeugin kann gar keine Aussage machen. Sie schildert, dass ihre Hände zitterten und ihr übel wurde. Sie kann sich nicht erinnern, wie der Täter aussah, denn sie konnte ab dem Moment, ab dem er sie bedrohte, nichts mehr bewusst aufnehmen.

Die Polizei muss also die verschiedensten Aussagen deuten und aus den zum Teil widersprüchlichen Beschreibungen diejenigen herausfinden, die übereinstimmen.

Jeder Mensch filtert aus der Menge der Reize, die jede Sekunde aufgenommen werden, diejenigen heraus, die für ihn persönlich wichtig sind.

Wahrnehmung ist selektiv, d.h. einzelne Wahrnehmungen werden stärker, andere weniger stark empfunden oder werden gar ausgeblendet.

Wir nehmen viel mehr auf, als in unser Bewusstsein dringt. Die Auswahl der Reize ist nötig, damit wir nicht überfordert sind, sondern uns auf das konzentrieren können, was wir in einer bestimmten Situation brauchen. Ein Kind muss sich im Unterricht z.B. auf den Lehrer konzentrieren können, wenn gleichzeitig die Stimmen der anderen Kinder, die Geräusche im Klassenzimmer, vorbeifahrende Autos, ein Flugzeug etc. zu hören sind. Sonst kann es dem Unterricht nicht mehr folgen.

Das, was wir für „wahr" nehmen, ist unsere subjektive Sicht der Wirklichkeit, es ist unsere Wahrheit und jeder andere Mensch hat wiederum seine eigene Wahrheit.

Das bedeutet auch, dass die Sinnesreize ganz verschieden erlebt werden, obwohl es auch viele Gemeinsamkeiten zwischen den Wahrnehmungen der Menschen gibt.

Der Prozess der Wahrnehmung

Übung: Wahrnehmungsreise

Gehen Sie auf eine Wahrnehmungsreise. Wählen Sie dazu einen Weg in der Natur oder in der Stadt aus, gehen Sie alleine und sprechen Sie nicht. Nehmen Sie sich mindestens 15 Minuten Zeit. Sie benötigen ein Blatt Papier und einen Stift.
Konzentrieren Sie sich auf einen Ihrer Sinne: Schließen Sie die Augen und lauschen Sie. Nehmen Sie alle Geräusche in sich auf, nach etwa 2–3 Minuten öffnen Sie die Augen wieder und notieren Sie, an welche Geräusche Sie sich erinnern.
Dann sehen Sie sich bewusst um und betrachten die Farben, Formen und Bewegungen in Ihrer Umgebung. Nach 2–3 Minuten schreiben Sie auf, was Sie sich gemerkt haben.
Verfahren Sie genauso mit dem Tastsinn, dem Riechen und vielleicht auch dem Schmecken.

Betrachten wir die Liste von Reizeindrücken, die Sie von Ihrer Wahrnehmungsreise mitgebracht haben.

Vermutlich werden viele verschiedene Begriffe auf Ihrem Zettel stehen, z.B.: Auto, Flugzeug, Abgas, Brummen, laut, stinkt, grün, Wiese, rot, Blumen, Duft, weich, glatt, stachelig, hart, Stein, braun, Wind auf der Haut, feucht, warm, Sonne ist angenehm.

Wenn wir uns diese Begriffe näher ansehen, stellen wir fest, dass nur ein Teil wirklich die Wahrnehmung beschreibt:

Zuordnungen
Auto, Flugzeug, Abgas, Wiese, Blumen, Stein, Wind, Sonne sind bereits unsere Zuschreibung zu der Quelle der Wahrnehmung. Wir ordnen sofort zu, was das Geräusch oder das optische Bild, das wir sehen, den Geruch, den wir riechen, oder das, was wir auf der Haut spüren, verursacht hat. Das können wir nur, weil wir auf unsere Erfahrungen, auf unser Gedächtnis zurückgreifen können. Ein Kind muss diese Zuordnungen zuerst lernen.

Sinnesempfindungen
Die Begriffe grün, rot, weich, glatt, stachelig, hart, braun, feucht, warm beschreiben die Sinnesempfindung. Wir finden Worte für das, was uns die Sinnesorgane melden. Das ist nicht immer einfach. Bei manchen Farben sind wir nicht sicher, ob wir das noch blau nennen sollen oder eher grün. Gerüche zu beschreiben ist fast unmöglich, ohne zu benennen, wonach etwas riecht. Dichter finden in Gedichten häufig besonders poetische Beschreibungen für Wahrnehmungen.

Beschreibung einer Landschaft

Farben der Kindheit
Vögel gegen die Sonne
helles Gras vor dem Wald
mein einziges Sehen und Hören

Je öfter ich euch beschreibe
je mehr ich euch suche
desto weiter und blasser
desto formloser weicht ihr zurück

Ich höre das Rauschen
meiner Worte vom Rauschen des Waldes
ich sehe das Grau und das Grün
von Gesichtern und Kleidern

Die loben mein gutes Gedächtnis
und horchen mich aus
sie essen das Licht und den Schatten
sie trinken den Wind

Erich Fried (1979, S. 51)

Kinder wählen manchmal Worte, die für uns ungewohnt sind, aber ganz zutreffend eine Wahrnehmung beschreiben. Wild auf einer Schaukel hin und her zu fliegen, wird vielleicht als „Wackelpudding" bezeichnet. Das sind Assoziationen, also Gedankenverbindungen. Das Gehirn sucht nach Erfahrungen, die sich mit der Sinnesempfindung vergleichen lassen.

Wertungen

Bereits im Augenblick der Reizverarbeitung, also direkt nachdem der Reiz angekommen ist, ordnen wir ihm ein Gefühl zu oder bewerten ihn: Wir finden etwas angenehm oder unangenehm, schön oder schrecklich, beruhigend oder aufregend, ängstigend oder erheiternd.
Manchmal gehen die Gefühle auch ineinander über. Zunächst war es aufregend und lustig gekitzelt zu werden, plötzlich wird es zu viel, man bekommt keine Luft mehr, es wird beängstigend. Oder es wird zuerst als ekelig empfunden, kalten und glibberigen Kleister oder Fingerfarbe anzufassen, aber dann merkt man doch, wie angenehm es ist, damit zu schmieren und genießt es. Wird die Farbe aber trocken und klebt auf der Haut, kann das wieder als sehr unangenehm empfunden werden.

Viele Menschen haben Vorlieben: Manche mögen sehr warmes Wetter, Sonne auf der Haut und haben gerne Essen, das süß schmeckt. Andere mögen es lieber frisch und essen gerne salzig. Dies hat u.a. mit den Bewertungen zu tun, die wir bereits sehr früh als Kinder erfahren und erlernen. Sie können sich im Laufe des Lebens ändern, viele Wertungen bleiben aber ein Leben lang stabil.

Wachheit, Aufnahmefähigkeit

Unsere Bereitschaft, überhaupt Reize aufzunehmen, hängt u.a. davon ab, wie wach wir gerade sind und wie offen für Außenreize wir uns fühlen. Die Formatio reticularis, ein weiteres System des Gehirns, steuert die Wachheit und Aufnahmebereitschaft. Wenn man sehr müde ist, kann man an sich selbst beobachten, dass die Reizverarbeitung nicht mehr reibungslos funktioniert: Wir hören nicht mehr gut zu, verpassen Gesprächsteile, die Bewegungen werden ungeschickt, die Reaktionszeit verlangsamt sich.

Zusammenfassung

Über die Sinnesorgane nehmen wir Reize auf, die ans Gehirn weitergeleitet werden. Aus vielen Reizen werden diejenigen herausgefiltert, die für uns in diesem Augenblick wichtig sind. Diese werden verstärkt, andere Reize unterdrückt. Reizeindrücke aus den verschiedenen Sinnen werden miteinander zu einem gemeinsamen Eindruck verknüpft. Die Eindrücke werden mit bereits gespeicherten Erfahrungen verglichen und gedeutet. Sie werden gefühlsmäßig bewertet. Gedanken zu bereits bekannten und ähnlichen Situationen können entstehen. Es kommt zu einer Antwort auf den Reiz, die meist mit einer Bewegung verbunden ist (z.B. nach einer Blume greifen, sich die Ohren oder die Nase zuhalten). Antworten können bewusst geplant und willentlich ausgeführt werden oder sie entstehen ohne unseren willentlichen Einfluss.

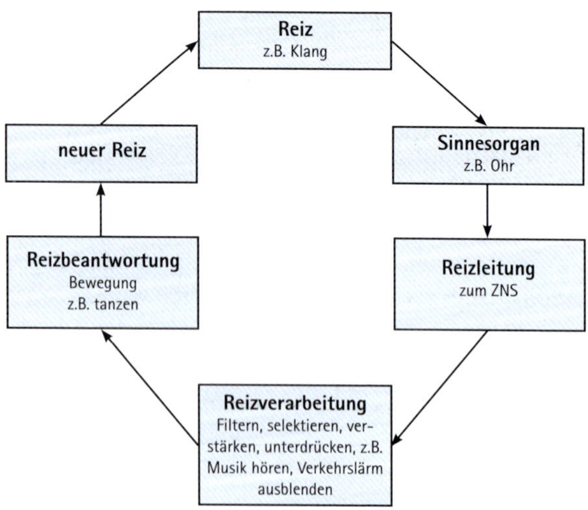

Abb. 3: Regelkreis zur Wahrnehmungsverarbeitung

Wahrnehmung ist ein sehr komplexer Vorgang, an dem viele Hirnbereiche beteiligt sind (s. Abb. 4).

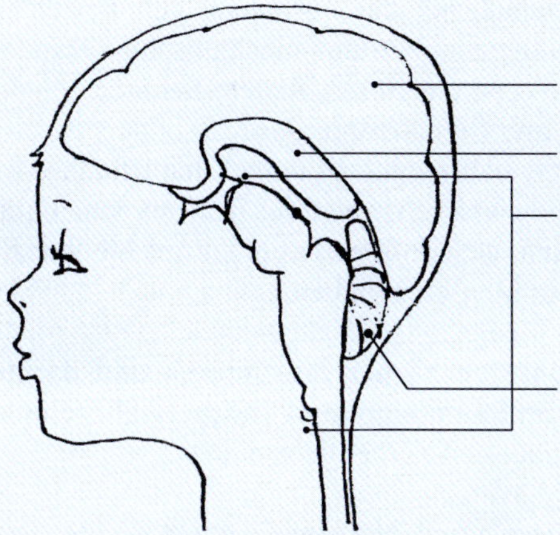

Abb. 4: Hirnbereiche, die an der Wahrnehmungsverarbeitung beteiligt sind (mit freundlicher Genehmigung von Siegrun von Loh, aus: Siegrun von Loh: Entwicklungsstörungen bei Kindern, Zeichnung von der Autorin, W. Kohlhammer Verlag Stuttgart 2001, S. 245).

Die folgende Tabelle soll zeigen, wie viele Anteile dazu beitragen, dass Wahrnehmungsprozesse gelingen.

Rückenmark	Kleinhirn	Formatio reticularis	Extrapyramidales System
Reflexe	Gleichgewicht-erhaltung	Aufmerksamkeit, Wachheitsgrad, Konzentration	Automatisierte Bewegungen
Weiterleitung von taktiler Wahrnehmung	Koordination der Körperbewegungen	Filter von Reizen	Körpersprache
Regulation der Muskel-spannung zur Aufrichtung	Regulation der Muskelspannung zur Aufrichtung	Vegetative Regulation	

Thalamus	Hypothalamus	Limbisches System	Großhirnrinde
Tor zum Bewusstsein: Filter von Reizen	Hormonelle Steuerung	Antrieb	Bewusste Verarbeitung, Denken, Steuern, Sprache
Aufmerksamkeit	Vegetative Regulation	Gefühle	Willkürmotorik
Emotionale Verarbeitung		Vegetative Regulation	Handdominanz Lateralität

Tabelle 1: Bereiche der Wahrnehmungsverarbeitung im Gehirn

Die Sinne

Zur Reizaufnahme haben wir Sinnesorgane, die auf bestimmte Reizqualitäten spezialisiert sind. Sie besitzen Zellen zur Aufnahme von Reizen, sogenannte Rezeptoren. Einige Rezeptoren reagieren auf mechanische Veränderungen, sie ermöglichen z.B. den Tastsinn und das Hören. Andere nehmen chemische Stoffe auf, z.B. beim Geschmacks- und Geruchssinn. Ganz besonders ist die Aufnahme von Lichtwellen, die das Auge wahrnimmt. Es würde den Umfang dieses Ratgebers überschreiten, die genaue Funktionsweise der Sinnesorgane darzustellen, es soll aber kurz erwähnt werden, welche Informationen uns die Sinne liefern und welche Bedeutung sie für den Menschen haben.

1. **Sinne, die uns über unseren Körper informieren und darüber, welche Haltung (Stellung) er im Raum einnimmt (Körperwahrnehmungen)**
   Direkte Informationen über den Körper liefern uns:
   - die Haut
   - die Rezeptoren in Muskeln und Gelenken
   - der Gleichgewichtssinn im Innenohr
   - die Rezeptoren aus den inneren Organen
   - die Schmerzrezeptoren
2. **Sinne, die uns über die Umwelt informieren**
   Informationen aus der Umwelt liefern uns:
   - Augen
   - Ohren
   - Tast- und Druckrezeptoren der Haut
   - Nase
   - Zunge

Körperwahrnehmungen

Die Haut

Redewendungen zeigen uns bereits die Bedeutung der Haut für unser Wohlbefinden:
„Ich könnte aus der Haut fahren ... Ich fühle mich nicht wohl in meiner Haut ... Das geht mir unter die Haut ... Der hat ein dickes Fell ..."

Die Haut ist unser größtes Organ. Es umhüllt den ganzen Körper und bildet unsere äußere Grenze und Kontaktstelle zur Umwelt. In der Haut sind verschiedene Rezeptoren, die Berührung, Druck, Vibration, Temperatur und Schmerz wahrnehmen können. Bereits ab dem 2. Schwangerschaftsmonat ist der Embryo dazu in der

Lage, Berührung und Druck zu empfinden (zunächst in der Mundregion, ab dem 3. Monat dann an Händen und Körperoberfläche). Menschen sind für ihre Entwicklung und ihr Wohlbefinden auf Berührung angewiesen. Untersuchungen haben bewiesen, dass Kinder, die zu selten liebevoll berührt worden sind, Entwicklungsstörungen zeigen. Sie haben ein mangelndes Gefühl für ihren Körper und stoßen z.B. häufiger an oder wirken ungeschickt. Sie sind unsicher und ängstlich. Über die Haut spüren wir sofort, ob es jemand gut mit uns meint oder eher gleichgültig und abweisend zu uns ist.

Die Rezeptoren in der Haut für Berührung und Druck sind über den Körper unterschiedlich dicht verteilt. An den Händen und am Mund sind sie besonders dicht, während am Rücken und an den Innenseiten der Arme und Beine die Abstände zwischen den Rezeptoren größer sind.

Die Funktionen der Haut sind vielfältig:

- Schutz vor Verletzung, Strahlen, Fremdkörpern
- Temperaturregulation
- Ausscheidung von Stoffwechselprodukten durch den Schweiß
- Hautatmung
- Kommunikation
- Sinneswahrnehmung

Übung: Tastbeispiele

Malen Sie einem Partner Buchstaben und Zahlen auf die Haut, die dieser benennen soll. Versuchen Sie es auf dem Rücken und auf der Handoberfläche, auf dem Unterarm und der Handinnenfläche und achten Sie auf Unterschiede. Probieren Sie auch das alte Kinderspiel: „Trommel, Trommel, Hollerstock" (leicht mit Fäusten auf den Rücken des Partners klopfen) „Wie viel Hörner hat der Bock?" (ein, zwei oder mehr Finger leicht auf den Rücken drücken) Der Partner soll raten, wie viele Finger ihn gleichzeitig berühren. Dann geht es weiter: „Pfeffer oder Salz?" Wünscht der Partner „Pfeffer", klopft man mit trommelnden Bewegungen den Rücken ab, wird „Salz" gewünscht, streicht man den Rücken mit flachen Händen aus.

Muskeln und Gelenke

In den Muskeln befinden sich Rezeptoren, die kleinen Spiralfedern ähneln. Sie dehnen sich mit den Muskeln und ziehen sich mit ihnen zusammen. Diese Veränderungen liefern Informationen über den Spannungszustand der einzelnen Muskeln. Unsere Muskeln haben immer eine bestimmte Grundspannung. Wollen wir etwas aufheben, bereiten sich unsere Muskeln bereits darauf vor, indem sie ihre Spannung erhöhen.

Bestimmt ist es Ihnen schon einmal passiert, dass sie eine Tasse hoch gehoben haben mit der Erwartung, dass sie noch voll ist. Sie heben die Tasse an und ihr Arm schnellt nach oben. Die Tasse ist jedoch leer und ihre Muskeln zu sehr angespannt. Die Bewegung fällt zu heftig aus und sie erschrecken sich.
Oder Sie gehen im Dunkeln eine Treppe hinunter, rechnen mit einer weiteren Stufe und Ihr Fuß tritt überraschend auf festen Boden. Der Boden ist näher als erwartet und die Spannung der Muskulatur nicht angemessen. Das Ausmaß und die Intensität der Bewegung fühlt sich „nicht richtig" an. Auch das Kniegelenk ist stärker gestreckt als nötig.
Für die Stellung der Gelenke sind Rezeptoren in den Gelenken verantwortlich. Sie liefern dem Gehirn Information darüber, wie der Bewegungswinkel in einem Gelenk aussieht und erschaffen so in Verbindung mit dem Gleichgewichtssinn und dem Tastsinn ein inneres Bild von unserem Körper und seinen Bewegungen. Man nennt diesen Sinn auch „propriozeptive Wahrnehmung (Eigenwahrnehmung)". Er lässt sich in drei Anteile unterteilen:

- **Stellungssinn**: Er übermittelt dem Körper das Gefühl dafür, in welchem Winkel ein Gelenk steht und in welchem Verhältnis es sich zu anderen Gelenken befindet. Die Rezeptoren sind in den Gelenkkapseln, sie reagieren auf Zug und Druck.
- **Bewegungssinn**: Er lässt uns die Bewegungen der Gelenke empfinden - das Beugen und Strecken, die Geschwindigkeit und die Richtung der Bewegung. Die Rezeptoren sind ebenfalls in den Gelenken und reagieren auf Zug und Druck.
- **Kraftsinn**: Durch den Kraftsinn erfährt der Körper, wie stark der Widerstand ist, den er für eine Bewegung überwinden muss. Hier arbeiten die Muskelspindeln und die Rezeptoren in den Gelenken zusammen.

Das propriozeptive Sinnessystem hat folgende wichtige Funktionen:
- Es hilft dem Gehirn, eine Art innere Landkarte vom Körper zu entwickeln: das Körperschema. Darauf aufbauend können flüssige, gut an die Umwelt angepasste Bewegungen entstehen, die ökonomisch sind und wenig Anstrengung benötigen.
- Das geschieht durch: Dosierung der Kraft, Anpassung der Muskelspannung, Speicherung bisheriger Bewegungen und Automatisierung von Bewegungen.
- Das Körperschema ist eine wichtige Voraussetzung zur Orientierung im Raum, die wir wiederum für das Sehen benötigen. Soll ein Kind Buchstaben erkennen und schreiben lernen, muss es Richtungen und verschiedene Lagen im Raum ebenso erkennen können wie komplexere räumliche Beziehungen von Linien zueinander.

Übung: Bewegung ohne Augenkontrolle

Binden Sie ohne hinzusehen unter dem Tisch Ihre Schuhe oder knöpfen Sie Ihre Jacke auf und zu oder schreiben Sie ein paar Sätze auf Papier ohne hinzusehen. Sie werden merken, wie gut Sie zurechtkommen. Das verdanken Sie den Rezeptoren in Muskeln und Gelenken, sie greifen dabei auf bekannte, automatisierte Bewegungen zurück.

Gleichgewichtssinn

Auch für das Gleichgewicht haben wir Redewendungen, die auf seine Bedeutung hinweisen:

„Ich verliere den Boden unter den Füßen ... Sie steht mit beiden Beinen fest im Leben ... Ich bin völlig außer dem Lot geraten ... Du musst das innere Gleichgewicht wiederfinden."

Das Gleichgewichtsorgan befindet sich im Innenohr. Es gibt Informationen über die Lageveränderungen unseres Kopfes. Lageveränderungen können entweder eine Drehung des Kopfes betreffen oder eine Beschleunigung. Die Beschleunigung kann linear sein wie, z.B. beim Fahrstuhlfahren oder Anfahren eines Autos. Oder es erfolgt eine Drehbeschleunigung wie beim Karussellfahren. Das Bestreben des Körpers ist es, den Kopf senkrecht und in der Mitte des Körpers auszurichten. Dann können wir optimal sehen. Der ganze Körper passt sich an die Veränderung der Körperlage an. Kommen wir „aus dem Gleichgewicht", werden unsere Muskeln so angespannt, dass es zu einer Gewichtsverlagerung kommt und wir wieder ins Gleichgewicht zurückfinden. Schaffen wir das nicht und fallen, werden Stützreaktionen ausgelöst, z.B. werden die Arme vorgestreckt, um den Kopf vor einem Aufprall zu schützen.
Das Gleichgewicht hat eine sehr enge Verbindung zum vegetativen Nervensystem und den inneren Organen. Es kann zu Schwindel, Schweißausbrüchen, Übelkeit und Erbrechen kommen, wenn die Reize auf den Gleichgewichtssinn zu stark sind.
Alle unsere Bewegungen sind abhängig von einer guten Gleichgewichtsanpassung. Wir reagieren sehr verunsichert und ängstlich, wenn diese nicht gelingt.
Der Embryo erfährt bereits ab der 10. Schwangerschaftswoche eine Stimulation durch die Bewegungen der Mutter, aber auch durch eigene aktive Bewegungen im Mutterleib.
Die **Funktionen** des Gleichgewichtssystems sind:

- Aufrichtung gegen die Schwerkraft sichern (z.B. Stehen, Sitzen)
- Sich im Raum orientieren
- Bewegungsrichtung und Tempo wahrnehmen
- Muskelspannung regulieren
- Blickfeld stabilisieren, Augen und Kopfbewegungen koordinieren

Übung: Gleichgewicht

Probieren Sie verschiedene Geräte aus, die das Gleichgewicht anregen: Schaukel, Karussell, Dreh- und Schaukelstühle. Besonders eindrucksvoll ist es, eine halbrunde Balancierscheibe oder ein flaches Luftkissen auf einen Stuhl zu legen und darauf sitzend eine anspruchsvolle Tätigkeit auszuführen wie Lesen, Schreiben, einen Faden in eine Nähnadel einfädeln. So können Sie in etwa nachempfinden, wie sich ein Kind mit einer Störung des Gleichgewichtssinns fühlt.

Innere Organe

In den Organen befinden sich Rezeptoren, die uns z.B. melden, ob wir Hunger oder Durst haben oder zur Toilette müssen. Diese Wahrnehmungen sind sehr wichtig und können andere Wahrnehmungen stark überlagern. Sie können auch anzeigen, dass etwas den Organismus überfordert. Steht man unter starkem Stress, wirkt das vegetative Nervensystem auch auf die inneren Organe, es kann einem übel werden, man muss plötzlich zur Toilette oder bekommt Magenschmerzen.

Schmerzrezeptoren

In Haut, Organen und Muskeln gibt es Schmerzrezeptoren. Sie sind über den Körper unterschiedlich dicht verteilt. So tut z.B. ein Schnitt in den Finger weniger weh als eine Schürfwunde am Bein. Die Schmerzempfindung ist ein wichtiges Warnsystem, das uns anzeigt, wenn etwas nicht in Ordnung ist. „Schmerzempfindlichkeit entsteht vermutlich vor Beginn des letzten Schwangerschaftsdrittels (Eliot, 2003, S. 193).

Wahrnehmungen aus der Umwelt

Augen

Wie wichtig uns die Orientierung über die Augen ist, sagt schon die Redewendung: *„Aus den Augen, aus dem Sinn."*

Die Augen benötigen sehr viel unserer Energie und Hirnaktivität. Daraus kann man schließen, dass sie für unsere Orientierung besonders wichtig sind. Sie ermöglichen uns, in Bruchteilen von Sekunden unsere Umwelt zu erkennen.
Die Augen haben die Fähigkeit, Lichtreize wahrzunehmen, die je nachdem, wie sie von einem Objekt reflektiert werden, unterschiedliche Sehzellen auf der Netzhaut erregen. Wir haben Rezeptoren für Hell/Dunkel-Kontraste und für Farben. Aus den Informationen, die von den Augen an das Gehirn übermittelt werden, wird ein Bild zusammengesetzt. Dabei werden idealerweise die Informationen aus beiden Augen benutzt. Wir können schnell zwischen der Betrachtung eines weiten Panoramas und eines nahen Details wechseln. Dabei unterscheiden wir Farben, Formen, Größen

und Entfernungen. Neben der Sehfunktion hat das Auge auch die Aufgabe Licht aufzunehmen, das der Körper dringend für seinen Stoffwechsel braucht.
Die Entwicklung des Sehsinnes dauert sehr lange. Sie beginnt bereits in der vierten Woche nach der Zeugung, braucht aber noch viele Monate nach der Geburt, bis das gesamte Sehsystem ausgebildet ist und noch weitere Jahre, bis die Sehbahnen sich stabilisiert haben (Eliot 2003, S. 288). Neugeborene können bereits schwarz-weiße Muster erkennen, sie sehen aber nur in einem Abstand von ca. 20-30 cm scharf. Instinktiv nehmen wir genau diesen Abstand ein, wenn wir mit einem Säugling reden. Bereits sehr früh wenden Säuglinge ihren Kopf zu einer Geräuschquelle und betrachten besonders gerne Gesichter.
Durch unsere moderne Lebensweise sind unsere Augen sehr stark gefordert. Oft sehen wir lange Zeit starr auf einen Bildschirm oder in ein Buch. Für die Augen ist diese einseitige Belastung sehr anstrengend und ermüdend. Es kann auch sein, dass sie dadurch ihre Umstellungsfähigkeit verlieren und die Sehschärfe nachlässt.

Ohren

Die Ohren enthalten zwei Sinnessysteme: das Hörorgan und das Gleichgewichtsorgan (s.a. S. 27).
Die Schallwellen werden, wenn sie auf das Trommelfell im Ohr treffen, zunächst mehrfach verstärkt. Dann setzen diese Schwingungen eine Flüssigkeit in der Hörschnecke in Bewegung, diese Bewegung verbiegt Haarzellen und löst so den Hörreiz aus. Wir können unterschiedlich hohe Frequenzen und verschiedene Lautstärken hören. Bestimmte Frequenzen und starke Lautstärke können als sehr schmerzhaft erlebt werden. Das Gehör entwickelt sich ab dem 3. Schwangerschaftsmonat. Embryos zeigen etwa ab dem 8. Schwangerschaftsmonat deutliche Reaktionen auf Schallreize, einige auch schon früher. Sie sind nach der Geburt dazu in der Lage, Stimmen und Sprachen zu unterscheiden. Auch das Hören ist wichtig für die Orientierung im Raum. Gutes Hören beider Ohren erlaubt es uns zu erkennen, von wo ein Laut kommt, und Entfernungen und Bewegungen einer Geräuschquelle einzuordnen. Eine ganz besondere Rolle spielt das Hören für die Kommunikation. Durch das sprachliche Vorbild der Menschen, die für uns sorgen, lernen wir in der Kindheit die Sprache und tauschen uns mit anderen aus.

Tast- und Druckrezeptoren der Haut

Die Rezeptoren der Haut erfüllen zwei Funktionen:
- Sie melden uns, wenn wir berührt werden oder an etwas stoßen (s.a. Die Haut).
- Sie dienen aber auch zur Erforschung der Umwelt. Wir berühren etwas, ertasten die Oberfläche, die Form, die Größe und spüren die Konsistenz. So be-greifen wir, um was für ein Objekt es sich handelt und welche Eigenschaften es hat.

Der Berührungssinn hat eine wichtige Warnfunktion, der Tastsinn dient der Erforschung. Normalerweise kann die Warnfunktion gehemmt werden, wenn wir etwas erforschen und wir finden es angenehm, liebevoll berührt zu werden. Bei manchen Kindern funktioniert die Hemmung des Warnsystems nicht gut und Berührung und Tasten werden als unangenehm empfunden (s. Kapitel 3).

Übung: Tasten

1. **Legen Sie verschiedene Alltagsgegenstände unter ein großes Tuch und versuchen Sie nun durch Tasten mit den Händen unter der Decke (also ohne hinzusehen) herauszufinden, was Sie berühren. Ertasten Sie auf diese Weise weitere Gegenstände, z.B. Schwämme, Bürsten, Feder, Fell, Holz, Metall und Steine. Stellen Sie fest, welche Formen und Oberflächenbeschaffenheiten Sie besonders mögen und welche Sie eher abstoßend finden.**
2. **Füllen Sie verschiedene Schüsseln mit Materialien, z.B. mit Sand, Reis, Erbsen, Bohnen oder Linsen. „Baden" Sie Ihre Hände darin. Sie können auch Gegenstände darin vergraben und wieder ausgraben oder das Material durch die Finger rieseln lassen. Finden Sie auch hier heraus, was Sie bevorzugen. Wie fühlen sich die Hände nach dem Bad?**

Nase

Die Sinneszellen in der Nasenschleimhaut ermöglichen uns, etwa 10 000 verschiedene Gerüche zu unterscheiden. Das Riechen erfüllt für den Menschen viele wichtige Funktionen:

- Prüfen und Auswählen von Nahrung über den Geruch
- Erkennen von Gefahren, z.B. riechen, dass es brennt
- Aber auch im sozialen Bereich ist der Geruch sehr wichtig: Säuglinge erkennen ihre Mutter am Körpergeruch, sie lassen sich z.B. beruhigen, wenn sie ein Tuch oder Kleidungsstück der Mutter zum Riechen haben. Für die Partnerwahl und die sozialen Kontakte ist der Geruch entscheidend. Manchmal heißt es: „Ich kann diesen Menschen nicht riechen", wenn wir jemanden nicht mögen. Tatsächlich hat man herausgefunden, dass Frauen unbewusst anhand des Geruchs den Partner wählen, dessen Gene sich am meisten von ihren unterscheiden, also besonders gut für die Nachkommen sind. Die Zugehörigkeit zu einer Familie oder Gruppe wird häufig ebenfalls durch den Geruch unterstützt.

Gerüche wirken sehr tief gehend und subtil auf unsere Gefühle. Erinnerungen werden stark mit Gerüchen verknüpft. Die Aromatherapie macht sich den Einfluss des Duftes zunutze und verhilft zu Entspannung oder unterstützt die Konzentration durch bestimmte ätherische Öle. Die Geruchswahrnehmung ist ebenfalls mit dem vegetativen Nervensystem eng verknüpft, so kann durch Gerüche Übelkeit, Ekel und Erbrechen ausgelöst werden. Die Zellen zur Aufnahme von Gerüchen sind bereits im 2. Schwangerschaftsmonat ausgebildet. Kinder erkennen 6 Tage nach der Geburt bereits den Geruch ihrer Mutter.

Erst kürzlich erhielten die Wissenschaftler Linda B. Buck und Richard Axel den Medizin-Nobelpreis, weil es ihnen gelungen ist, den Geruchssinn zu erklären. Sie stellten z.B. fest, dass 3% des Erbgutes für das Riechen benötigt werden (etwa 1000 Gene), während für das Sehen nur wenige Gene zuständig sind. Wenn wir etwas riechen, bildet das Gehirn Geruchsmuster aus, die mit einem Gefühl gekoppelt gespeichert werden, auf diese Erinnerungen können wir lebenslang zurückgreifen.

Zunge

Geruch und Geschmack sind sehr eng miteinander verbunden. Isst man Speisen, die von der Konsistenz her sehr ähnlich sind, wie z.B. Äpfel und Birnen, ist es schwer, einen Geschmacksunterschied festzustellen, wenn man sie nicht riechen kann. Deshalb schmeckt alles fade und scheint geschmacklos, wenn man erkältet ist. Eigentlich unterscheiden wir nur vier Geschmacksrichtungen: süß an der Zungenspitze, salzig an den vorderen Zungenrändern, sauer an den hinteren Zungenrändern und bitter hinten am Zungengrund. Aus der Kombination dieser vier Geschmacksrichtungen ergeben sich die vielen verschiedenen Geschmackseindrücke, die wir erfahren. Kinder bevorzugen meist Speisen, die nicht zu scharf, nicht zu salzig und nicht bitter sind. Verschiedene Arten des Geschmacks „süß" können Kinder bereits sehr früh unterscheiden. Häufig bevorzugen sie süße Speisen vor salzigen und sauren, wobei hier auch die Gewohnheit und Erfahrung eine große Rolle spielen. Kinder aus anderen Kulturkreisen, wie z.B. dem asiatischen Kulturkreis, essen lieber herzhafte Speisen und ziehen eine Fischsuppe einem Keks oder Kuchenstück vor. Welchen Geschmack wir bevorzugen, wird sehr früh geprägt. Geschmacksvorlieben können zwar immer wieder verändert werden, man hat aber festgestellt, dass die Ernährungsgewohnheiten der Menschen sehr stabil sind. Sie ändern sich oftmals nur, wenn dringende Notwendigkeiten vorliegen, z.B. eine Ernährungsumstellung aus gesundheitlichen Gründen oder der Umzug in einen anderen Kulturkreis mit einem anderen Nahrungsangebot. Die Gewöhnung an eine gesunde Ernährungsweise sollte von daher bereits in der frühen Kindheit beginnen. Auch der Geschmackssinn ist sehr früh entwickelt: Bereits in der 12. Schwangerschaftswoche kann der Fötus schlucken und schmecken.

Übung: Geruch und Geschmack

Sammeln Sie Dinge, die einen ausgeprägten Geruch haben: Gewürze, Kräuter, Blumen, Duftöle etc. Legen Sie diese auf einen Tisch und ergänzen Sie die Geruchsproben durch Geschmacksproben, z.B. verschiedene Obststücke, Salzstangen, Honig, Nüsse, Kartoffeln (roh), Zitrone usw. Lassen Sie sich dann mit verbundenen Augen von einem Partner die Proben auf einem Löffel in den Mund stecken oder unter die Nase halten. Kauen Sie zwischendurch ein Stück Brot, um den Geschmackseindruck wieder zu neutralisieren. Der Partner sollte vorsichtig und umsichtig sein und darauf achten, dass Sie ein angenehmes Geruchs- und Geschmackserlebnis haben.

Wahrnehmungsstörungen

„Ich bin frustriert – ich habe Angst.
Warum?

Ich weiß wohl, dass die Umwelt wirkt -.
Ich kann sie jedoch
nicht richtig berühren –
nicht richtig umfassen und bewegen.

Ich weiß deshalb nicht,
WIE DIE WIRKLICHKEIT IST.

Wie soll ich sie da
verändern können?" (Affolter 1990, S. 99)

Störungen der Wahrnehmung können entstehen, wenn:

- Sinnesorgane nicht richtig funktionieren
- die Bahnen, die die Reize zum Gehirn leiten (peripheres Nervensystem), die Reize nicht entsprechend weiterleiten
- die Verarbeitung der Reize im Gehirn beeinträchtigt ist

(Pschyrembel 2002, S. 1779).

Wie man an dieser Definition erkennen kann, ist der Begriff „Wahrnehmungsstörung" nicht eindeutig, er bezeichnet verschiedene Probleme, die sich auf die Wahrnehmung auswirken, und kein einheitliches Krankheitsbild. In den ärztlichen Diagnosen werden deshalb häufig die Bezeichnungen „Koordinationsstörungen", „Teilleistungsstörungen" oder „Entwicklungsstörungen" benutzt. Wahrnehmungsstörungen können auch Kinder betreffen, die schwere hirnorganische Erkrankungen oder Entwicklungsstörungen haben. Im Kapitel „Professionelle Hilfen" werden deshalb auch Therapiekonzepte vorgestellt, die besonders für diese Kinder entwickelt wurden.

In diesem Ratgeber werden vor allem
„Wahrnehmungsverarbeitungsstörungen" dargestellt.

Darunter versteht man Kinder, deren Sinnesorgane und Leitungssysteme des peripheren Nervensystems intakt sind, die aber im Auswählen, Unterdrücken, Verstärken, Integrieren, Vergleichen und Speichern von Reizen Störungen haben.

Sie „verwerten im Gehirn bestimmte Sinnesempfindungen *anders* – stärker, schwächer, verzerrt oder gar nicht. So nehmen sie unsere Welt anders wahr und reagieren entsprechend, für uns oft „unpassend" (von Loh 2001, S. 241, Hervorhebung im Original).

Wir haben erfahren, wie kompliziert der Wahrnehmungsprozess ist. Was wir von der Welt erfahren und für Realität halten, ist letztendlich nur unsere persönliche Realität. Dennoch gibt es viele Gemeinsamkeiten, die wir mit anderen entwickeln. Dabei spielt die Kommunikation eine sehr wichtige Rolle.
Eine Mutter sieht zum Beispiel, dass ihr Säugling die Faust locker geschlossen hat, der Arm entspannt auf der Matratze liegt, das Gesicht des Kindes ebenfalls entspannt ist und seine Augenlider sich von Zeit zu Zeit senken. Aus diesen Wahrnehmungen schließt die Mutter, dass das Kind bald einschlafen wird, denn sie hat bereits mehrmals diese Zeichen gesehen und gefühlt, bevor ihr Kind einschlief. Wenn die Muskelspannung des Kindes jedoch schwächer ist als bei anderen Kindern, es die meiste Zeit des Tages sehr locker in den Gliedmaßen ist, sich wenig bewegt und Laute von sich gibt, dann fällt es der Mutter sehr viel schwerer zu erkennen, wann sich das Kind kurz vor dem Einschlafen befindet. Sie denkt vielleicht häufiger als es zutrifft, dass Kind sei müde und lässt es deshalb in „Ruhe". Dabei wäre es aber möglicherweise gerade für dieses Kind wichtig, vermehrt zu Bewegung ermuntert zu werden, damit sich seine Muskulatur stärkt.

Wir können nicht wirklich wissen, was eine andere Person wahrnimmt.

Der Prozess der Wahrnehmung selbst findet im Gehirn statt, und wir würden komplizierte medizinische Messgeräte benötigen, um die Leitungswege und Verschaltungen nachzuvollziehen, die ein Reiz auslöst. Aber selbst mit Hilfe dieser medizintechnischen Geräte würden wir das Geschehen nicht vollständig erfassen, denn wir wüssten noch nicht, wie die Person den Reiz erlebt oder interpretiert. Wir sind also angewiesen auf die Reaktionen, die eine Person auf Reize zeigt. Störungen im Prozess der Wahrnehmung können deshalb nur so erkannt und gedeutet werden: Indem wir beobachten, wie eine Person auf einen Reiz reagiert. Dies nehmen wir wahr und interpretieren es. Auch das ist natürlich wieder ein störanfälliger Wahrnehmungsprozess. Wenn man nur auf die eigene Beobachtung angewiesen ist, können sehr leicht Beurteilungsfehler entstehen. Um diese möglichst gering zu halten, lernen Therapeuten in ihrer Ausbildung das gezielte Beobachten. Durch standardisierte Tests versucht man, den Beurteilungsprozess zu objektivieren, dennoch sind natürlich Fehler möglich.

Welche Beobachtungen lassen eine Wahrnehmungsstörung vermuten?

Die folgenden Beschreibungen sind zum besseren Verständnis stark vereinfacht und nur beispielhaft. In der Fachwelt werden wesentlich genauere Unterscheidungen und Beschreibungen für einzelne Störungen der Wahrnehmung vorgenommen. Diese können sich wiederum unterscheiden, je nachdem, auf welches Konzept oder Erklärungsmodell ein Arzt, eine Ärztin oder ein Therapeut oder eine Therapeutin sich beziehen. Hier kann lediglich versucht werden, ein Grundverständnis für die Art der Störungen darzustellen.
Die Störungen können z.B. betreffen:

- einzelne Sinnessysteme
- die Verknüpfung verschiedener Sinneseindrücke zu einem Ganzen
- die Auswahl und Unterdrückung von Reizen
- die zeitliche Organisation

Die Handlungsfähigkeit wird durch diese Störungen in unterschiedlicher Weise beeinträchtigt.

Ist die Verarbeitung **einzelner Sinnessysteme** gestört, kann es u.a. zu den folgenden Auffälligkeiten kommen.

Störung der Eigenwahrnehmung (propriozeptive Wahrnehmungsstörung)
Kinder wirken ungeschickt, tollpatschig, stolpern und fallen häufig hin. Sie bewegen sich entweder auffällig wenig oder auffällig viel. Neue Bewegungen lernen sie sehr langsam oder versuchen sie sogar zu vermeiden. Häufig können sie die Muskelspannung nicht richtig an die Handlung anpassen, sie drücken entweder zu fest zu oder nicht fest genug. Im Kontakt mit anderen geraten sie oft in Konflikte, da sie andere versehentlich anrempeln oder zu fest anfassen. Bei Stürzen oder beim Anstoßen zeigen die Kinder meist wenig Schmerzen. Manche Kinder zeigen auch Schwierigkeiten in der Raumorientierung, feinmotorische Aufgaben bereiten ihnen Mühe, sie erleben häufig Misserfolge.

Das Nervensystem dieser Kinder erhält wahrscheinlich zu wenig Informationen aus den propriozeptiven Sinnesorganen in den Muskeln und Gelenken. Ihr inneres Bild von ihrem Körper, das Körperschema, ist ungenau. Sie spüren ihre Körpergrenzen und die Haltung und Spannung ihres Körpers nicht ausreichend und können ihr Bewegungsausmaß, ihre Kraft und ihr Tempo nicht richtig anpassen. Häufig ist auch die Fähigkeit herabgesetzt, differenziert zu tasten und sich den ertasteten Gegenstand vorzustellen. (Man nennt diese Fähigkeit auch Stereognosie.)

Gleichgewichts-Wahrnehmungsstörung (vestibuläre Wahrnehmungsstörung)

Die Reaktion auf Veränderungen der Körperlage und schnelle Bewegungen wie Drehen und Schaukeln können auffällig sein: Entweder finden die Kinder kein Ende und schaukeln extrem stark und lange oder sie vermeiden diese Bewegungen ganz und es wird ihnen schnell schwindelig. Es kann sein, dass ihnen beim Autofahren oder im Lift häufig schlecht wird.

Diese Kinder haben vermutlich eine Störung in der Verarbeitung von Gleichgewichtsreizen. Beobachtet man die Kinder genauer, lässt sich erkennen, ob sie ein über- oder unterempfindliches Gleichgewicht haben.

Überempfindlichkeit

Die Kinder bewegen sich ungern. Sie versuchen den Bodenkontakt zu behalten und klettern nicht nach oben, bereits eine kleine Stufe kann sie verunsichern. Als Säugling lehnten sie möglicherweise bereits die Veränderung der Körperlage ab, sie ließen sich nicht gerne umdrehen oder schaukeln. Geräte, die eine Drehung verursachen, meiden die Kinder häufig. Auch eine Hängematte, die keinen festen Untergrund bietet, kann auf sie bedrohlich wirken. Balancieren, Radfahren oder ähnliche Aktivitäten fallen ihnen schwer, sie suchen lieber eine breite, stabile Basis zum Stehen, Gehen oder Sitzen. Sie spielen lieber im Sitzen am Tisch und sind deshalb feinmotorisch oft geschickt. Manche Kinder mögen lineare Beschleunigung, ihnen wird aber von einer Drehbeschleunigung übel. Andere Kinder reagieren extrem auf Höhen und zeigen heftige Angst, obwohl die Körperlageveränderung einem Außenstehenden gering erscheint. Die Empfindlichkeit auf Gleichgewichtsreize kann sich in Übelkeit, Erbrechen, Schwindel und anderen vegetativen Reaktionen zeigen.

Unterempfindlichkeit

Kinder mit einer Unterempfindlichkeit im Gleichgewichtssinn können nur schwer still sitzen. Sie suchen beständig nach neuen Reizen und verändern häufig ihre Sitzposition. Sie lieben Bewegung und sind eher schnell und waghalsig. Oft haben sie Probleme mit der Koordination der Körperseiten und der Entwicklung einer dominanten Hand (siehe Störung der Zusammenarbeit der Körperseiten und Lateralität). Möglicherweise sind die Augenbewegungen nicht flüssig. Die Kinder wirken unruhig, stören in Gruppen und können sich nur schwer konzentrieren. Feinmotorische Arbeiten fallen ihnen schwer, sie haben auch oft Probleme mit der räumlichen Wahrnehmung.

Häufig kann man beobachten, dass eine Gleichgewichtsstörung und eine propriozeptive Störung zusammen auftreten. Das lässt sich aus der engen Verknüpfung beider Systeme erklären.

Abwehr von Berührungsreizen (taktile Abwehr)

Manche Kinder lassen sich nicht gerne anfassen, sie schreien, wenn man sie abtrocknen und eincremen will. Sie sind lieber angezogen als nackt, aber die Kleidung muss weit genug sein, sie darf nicht reiben oder drücken. Klebrige und matschige Sachen lehnen die Kinder ab, sie spielen nicht gerne im feuchten Sand, manche haben die Hände die meiste Zeit zur Faust geschlossen und vermeiden Berührungen insgesamt. Sie stützen sich auch nicht gerne auf und vermeiden das Krabbeln, lieber ziehen sie sich hoch. Häufig laufen sie bereits sehr früh. Im Kontakt sind sie eher vorsichtig, wollen nicht gerne angefasst werden und meiden Nähe zu temperamentvollen Kindern. Sie sind insgesamt sehr leicht irritierbar und suchen nach Sicherheit. Veränderungen machen ihnen Angst.

Diese Kinder haben vermutlich eine Störung der taktilen Wahrnehmung. Berührt werden löst eine Abwehrreaktion aus. Man nimmt an, dass die ursprüngliche Schutz- und Warnfunktion nicht ausreichend gehemmt wird und das Kind auch bei gut gemeinten und alltäglichen Berührungen in Alarmbereitschaft gerät. Die Abwehrreaktion kann auch dann auftreten, wenn das Kind selbst etwas berührt.

Störung der Verarbeitung von Hörreizen (auditive Wahrnehmungsstörung)

Diese Kinder reagieren ungewöhnlich auf Geräusche und Klänge. Es kann sein, dass sie sehr empfindlich sind und sich die Ohren zuhalten, wenn zu viele Klänge gleichzeitig zu hören sind. Sie sind schnell ablenkbar und unterbrechen z.B. ihr Spiel, wenn im Raum jemand spricht oder ein Flugzeug vorbeifliegt. Dadurch führen sie Handlungen nicht zu Ende und können sich auf diese nicht gut konzentrieren. Es kann sein, dass sie unruhig und unausgeglichen wirken. Laute können diese Kinder oft nicht genau unterscheiden und verwechseln sie, wenn sie ähnlich klingen. Es kann sein, dass sie sich nicht die Reihenfolge der Laute merken können. Sie verdrehen die Laute im Wort oder verkürzen Wörter mit mehr als drei Silben, indem sie Silben weglassen.

Diese Kinder haben Probleme, Reizeindrücke, die sie hören, zu verarbeiten. Sie können nicht einen Reiz herausfiltern und andere, die sie nicht benötigen, unterdrücken. Für sie ist deshalb alles gleich laut. Das ist für diese Kinder sehr anstrengend. Es fällt den Kindern vielleicht auch noch schwer, die Richtung zu orten, aus der ein Geräusch kommt. Das macht es ihnen schwer, sich zu orientieren. Durch die Schwierigkeiten, Laute zu unterscheiden und sich ihre Reihenfolge zu merken, entstehen Sprachstörungen, Lese- und Schreibprobleme.

Störung in der Verarbeitung von Sehreizen (visuelle Wahrnehmungsstörungen)

Andere Kinder fallen dadurch auf, dass es ihnen schwer fällt, etwas nachzuzeichnen, Formen zu erkennen und Größen zu unterscheiden. Aus Bildern, die viele Details enthalten, können sie nicht bestimmte Einzelbilder heraussuchen, z.B. eine kleine Maus aus einem Bild mit vielen Tieren, Menschen und Gegenständen. Wenn sie etwas nachbauen wollen, z.B. mit Bausteinen, gelingt es ihnen nicht. Sie verwechseln die Raumlagen rechts und links, oben und unten. Sie können ihre Körperbewegungen nur schwer mit ihren Augen abstimmen, d.h., sie treffen beim Werfen nicht das Ziel oder fangen einen Ball nicht. Beim Ausmalen halten sie nur unter großer Mühe die Linien ein. Puzzlespiele setzen sie nicht gerne zusammen.

Diese Kinder haben Probleme mit der Verarbeitung von Sehreizen. Ihr Gehirn kann das, was das Auge sieht, nicht ausreichend auswerten und mit einer Bewegung koordinieren.

Störungen der Verknüpfung von Reizen
Diese Kinder sehen häufig nicht dahin, wo sie mit ihren Händen arbeiten, sie bringen Tasteindrücke und ihre inneren Bilder nicht zusammen (Stereognosie) oder sie brauchen sehr lange, um Laute mit einem Schriftbild zu verbinden.

Störungen der Auswahl und Unterdrückung von Reizen
Die Kinder können Wichtiges nicht herausfiltern und werden von jedem neuen Reiz abgelenkt.
Diese Störung führt deshalb vor allem zu Problemen der Konzentration und Aufmerksamkeit. Durch die Formatio reticularis, ein System des Gehirns, wird die Wachheit und Aufnahmebereitschaft für Reize geregelt. Kinder mit Schwierigkeiten in diesem Bereich haben möglicherweise eine erhöhte Wachheit und Aufnahmebereitschaft für Reize. Sie können dafür eventuell mehrere Dinge gleichzeitig wahrnehmen, eine Fähigkeit, die bei manchen Tätigkeiten durchaus wichtig sein kann (z.B. im Straßenverkehr). Diese Kinder kommen schwer zur Ruhe und können im Erscheinungsbild hyperaktiv wirken.

Störungen der zeitlichen Organisation
Damit Handlungen zum Erfolg führen, ist es wichtig, eine bestimmte zeitliche Abfolge einzuhalten und ein gutes Timing zu haben. Will man z.B. ein sich bewegendes Objekt wie einen Tennisball schlagen, muss man sich rechtzeitig so bewegen, dass man eine gute Ausgangsposition hat und im richtigen Moment ausholen und schlagen kann. Je komplexer eine Handlung ist, umso mehr zeitliche Abfolgen müssen beachtet werden.
Kindern mit Störungen in diesem Bereich fällt es z.B. schwer, rechtzeitig einen Ball zu schlagen oder zu fangen. Sie können Handlungsabläufe nicht gut organisieren und wissen häufig nicht, mit was sie beginnen sollen. Sie warten hilflos auf eine Anweisung oder versuchen planlos zum Erfolg zu kommen. Hierzu ein Beispiel:
„R., 10 Jahre, ... versucht mit dem Locher Konfetti herzustellen. Er schiebt ein Papier in den Locher und drückt und drückt, verschiebt dabei aber das Papier nicht. Er ist erstaunt, dass es dabei keine Konfetti gegeben hat." (Affolter 1990, S. 149)

Störungen der Zusammenarbeit der Körperseiten und Händigkeit
Um Bewegungen frei und sicher ausführen zu können, ist es wichtig, dass beide Körperseiten gut miteinander arbeiten und das Kind in seinen Bewegungen die Körpermitte überkreuzen kann.
Manche Kinder fallen dadurch auf, dass sie ihre Hände abhängig davon benutzen, wo ihnen ein Gegenstand angeboten wird. Liegt ein Bauklotz z.B. rechts, nehmen sie die rechte Hand, liegt der Klotz aber links, nehmen sie die linke Hand. Malen sie an der Tafel, gehen sie seitlich mit, um auf der gegenüberliegenden Seite zu malen. Sie strecken nicht den Arm über die Mitte des Körpers. Überkreuzbewegungen fallen ihnen schwer. Bittet man sie, eine liegende Acht zu malen, die es erfordern würde, die Körpermitte zu kreuzen, können sie die Bewegung nicht ausführen oder wechseln dabei die Hände oder die Malrichtung.

Bei dieser Störung kann es sein, dass sich die Händigkeit, also Rechts- oder Linkshändigkeit nicht eindeutig entwickelt. Beide Gehirnhälften haben verschiedene Aufgabenschwerpunkte. Diese Arbeitsteilung ermöglicht es, schneller und effektiver zu funktionieren. Auch die Entwicklung der Händigkeit dient diesem Ziel. Besonders wichtig ist dies für das Schreiben. Die Schreibbewegungen sind sehr anspruchsvoll und müssen gleichzeitig mit der Sprache verknüpft werden, wenn das Kind die Buchstaben lernt. Werden die Hände wechselnd für das Schreiben eingesetzt, hat das Kind Probleme, eine flüssige und gut automatisierte Schrift zu erlernen. Wird das Kind z.B. auf die rechte Hand trainiert, obwohl es Linkshänder ist, kann es zu schweren Störungen kommen, wie z.B. Stottern, Konzentrationsproblemen, Ungeschicklichkeit, psychischen Problemen. Eine ausführliche Diagnostik ist in diesen Fällen besonders wichtig. Es gibt Therapeuten (Psychologen, Ergotherapeuten), die sich auf die Untersuchung und Behandlung und Beratung von Problemen der Händigkeit spezialisiert haben.

Weitere Begriffe, die häufig benutzt werden:

- **Störung der Körperwahrnehmung**: Der Begriff Körperwahrnehmung fasst alle Sinnesempfindungen zusammen, die Informationen über den Körper liefern: Berührung, Empfindungen aus Muskeln und Gelenken, den inneren Organen, Schmerz und das Gleichgewicht. Eine Störung liegt also innerhalb dieser Sinnesempfindungen, der Begriff ist aber sehr ungenau.
- **Störung des Körperschemas**: Das Körperschema ist vergleichbar mit einer inneren Landkarte des Körpers. Mit Hilfe dieser inneren Karte orientieren wir uns am Körper und entwickeln eine Vorstellung davon, wie wir uns bewegen, wie unsere Haltung ist, wo rechts und links ist etc. Von dieser Orientierung gehen wir aus, wenn wir uns im Raum orientieren, und richten unsere Bewegungen entsprechend aus. Wenn man von einer Körperschemastörung spricht, meint man, dass das Kind eine nur ungenaue oder verzerrte Vorstellung von seinem Körper hat. Es kann Bewegungen schlecht planen und Aufforderungen, eine

bestimmte Bewegung nachzuahmen, nur schwer nachkommen. Es orientiert sich nicht gut im Raum und verwechselt Raumrichtungen wie vorwärts, rückwärts, seitwärts, rechts und links. Auch Raumbezeichnungen wie oben, unten, vorne, hinten, neben, zwischen etc. werden oft nicht entsprechend verstanden und angewandt.

- **Sensorische Integrationsstörung**: Der Begriff wird innerhalb eines bestimmten Therapiekonzepts benutzt (siehe Kapitel 4, Sensorische Integrationstherapie). Er bezieht sich auf Störungen in der Eingliederung und Verarbeitung neuer Reize im Gehirn. Innerhalb des Konzepts werden sehr genau einzelne Störungen unterschieden und die Behandlung darauf abgestimmt. Es würde jedoch zu weit führen, diese Fachbegriffe hier zu erläutern.

Zusammenfassung
Es wurden stark vereinfacht einige Störungsbilder, die man beobachten kann, beschrieben.

Jedes Kind entwickelt eine ihm eigene Kombination von Symptomen und es ist eine genaue Untersuchung nötig, um die Auffälligkeiten des Kindes einzuordnen.

Die Forschung zur Wahrnehmungsstörung steht noch am Anfang, jedes Jahr kommen Erkenntnisse hinzu, werden andere modifiziert oder verworfen. Therapiekonzepte beruhen deshalb zum Teil auf Arbeitshypothesen.

Fest steht jedoch, dass ein großer Teil der beschriebenen Symptome sich beeinflussen lässt. Das bedeutet nicht immer, dass die Verarbeitungsstörungen im Gehirn völlig beseitigt werden können. Das Gehirn besitzt jedoch eine große Lern- und Anpassungsfähigkeit und Kinder können lernen, mit ihren Problemen im Alltag besser zurechtzukommen. Je jünger ein Kind ist, umso schneller kann das Gehirn diese Lernprozesse vollziehen.

Ursachen

Häufig lässt sich die Ursache für eine Wahrnehmungsstörung nicht eindeutig klären. Negative Einflüsse während der Schwangerschaft wie Gifte (Alkohol, Drogen, Medikamente), schwere Infektionen, Frühgeburten oder Geburtsfehler können mögliche Ursachen sein. Mangelnde Reizanregung kann ebenso eine Ursache sein. Schwere psychische Traumata beeinflussen und verändern ebenfalls die Wahrnehmung. In vielen Fällen liegt jedoch keiner dieser negativen Einflüsse vor.

Bei folgenden Erkrankungen können Wahrnehmungsstörungen zum Erscheinungsbild gehören:

- Kinder mit Zerebralparesen
- Kinder mit Autismus
- Kinder mit Down-Syndrom oder anderen geistigen Behinderungen
- Kinder mit Aufmerksamkeitsdefizit-Syndrom (ADS, ADHS)
- Kinder mit Lernstörungen, Teilleistungsstörungen wie Legasthenie, Dyskalkulie
- Kinder mit schweren psychischen Traumata
- Kinder nach einer Schädel-Hirn-Verletzung
- Kinder nach einer Hirnhaut- oder Hirnentzündung
- Kinder mit Stoffwechselstörungen

Eine gründliche ärztliche Diagnostik ist in jedem Fall wichtig, damit die richtige Behandlung ausgewählt werden kann.

Diagnostik

Neue Erkenntnisse aus der Entwicklungsneurologie und -psychologie zeigen, dass das Kind bereits in den ersten Lebensmonaten die Verknüpfung von Sinnesreizen herstellt und z.B. dahin sieht, wo es etwas hört. Sehr schnell entwickelt es bestimmte Erwartungen und zeigt, welche Reize es bevorzugt. Durch gute Beobachtung kann eine geschulte Fachkraft bereits frühzeitig herausfinden, wie die Wahrnehmungsaufnahme- und Wahrnehmungsverarbeitungsfähigkeit des Kindes ist. Man sollte bei Problemen oder dem Gefühl „Mein Kind verhält sich anders als andere" nicht darauf warten, dass diese von selbst verschwinden. Vielmehr verkürzt sich die Therapiezeit bei frühzeitiger Behandlung, da vermieden wird, dass sich die Entwicklung verzögert oder das Kind ein Abwehrverhalten entwickelt. Erkennen und Behandeln der Wahrnehmungsstörung sollten erfolgt sein, bevor das Kind in die Schule kommt, damit es die Voraussetzungen zum schulischen Lernen bereits erlernt hat.

Die Diagnostik wird meist von Fachpersonal in Frühförderzentren oder Sozialpädiatrischen Zentren durchgeführt. Diese können die Eltern aufgrund einer Überweisung durch den Kinderarzt aufsuchen. In der Regel begutachten Ärzte, Psychologen, Physiotherapeuten, Ergotherapeuten, Logopäden und Heilpädagogen das Kind. Sie führen mit dem Kind in spielerischer Form verschiedene Tätigkeiten und Handlungen durch. Die Reaktionen des Kindes zeigen ihnen, wie das Kind verschiedene Reize und Umweltanforderungen verarbeitet.

Die Untersuchung besteht in der Regel aus folgenden Anteilen:

- Untersuchung der Sinnesorgane und des Gehirns durch Kinderärzte, Neurologen, Augenarzt und HNO-Arzt
- Untersuchung der Wahrnehmungsverarbeitung, Beobachtung des Verhaltens und Erfassen der Gefühle des Kindes, eventuell Intelligenz- und Entwicklungsdiagnostik durch Psychologen
- Wahrnehmungsdiagnostik durch Ergotherapeuten und ggf. Physiotherapeuten, Motopäden oder Logopäden
- Ergänzung durch Untersuchungen von Heilpädagogen, die Spielverhalten und soziale Fähigkeiten des Kindes beobachten

Testverfahren ermöglichen eine Auswertung anhand von statistisch gesicherten Vergleichsdaten von Kindern der gleichen Altersgruppe.
Es gibt Testverfahren für:

- den Entwicklungsstand des Kindes insgesamt (durchgeführt von Ärzten, Psychologen, Ergotherapeuten, Heilpädagogen)
- das Intelligenzniveau des Kindes (durchgeführt von Psychologen)
- die motorische Entwicklung (durchgeführt von Physiotherapeuten, Ergotherapeuten, Motopäden)
- die Verarbeitung von Sehreizen (visuelle Wahrnehmung), (durchgeführt von Psychologen, Ärzten, Ergotherapeuten, Heilpädagogen)
- die Verarbeitung von Hörreizen (auditive Wahrnehmung), (durchgeführt von Psychologen, Logopäden)
- die Sensorische Integration (siehe Kapitel „Professionelle Hilfen"), (durchgeführt von Ergotherapeuten mit entsprechender Weiterbildung)
- die Sprachentwicklung (durchgeführt von Logopäden, Sprachtherapeuten)

Die Ergebnisse verschiedener Untersuchungen werden zusammengetragen und danach wird festgestellt, wo die Hauptprobleme des Kindes liegen. Auf dieser Basis werden die therapeutischen Maßnahmen ausgewählt.

Da die Wahrnehmungsstörungen sich sehr verschieden auswirken können, ist eine gründliche Diagnostik sehr wichtig, damit entschieden werden kann, welche Störung zugrunde liegt und vorrangig behandelt werden soll.

Die Kinder sollten immer auch vom Augen- und Hals-Nasen-Ohrenarzt untersucht werden, um sicherzustellen, dass die Sinnesorgane keine Störungen aufweisen.

Was wir tun können

Professionelle Hilfe

Im Folgenden werden verbreitete Behandlungsmöglichkeiten kurz dargestellt. Sie sollen eine Orientierung und einen Überblick darüber geben, welche Schwerpunkte die einzelnen Therapien beinhalten. Eine Gewichtung soll damit nicht vorgenommen werden. Bisher konnte nicht nachgewiesen werden, dass ein Therapiekonzept besser als ein anderes ist. Studien haben aber gezeigt, dass eine frühe Förderung wichtig ist und den Kindern hilft, selbstständiger zu werden, mehr Selbstvertrauen zu bekommen und schneller Alltagsfertigkeiten zu erlernen. Den Eltern kann die fachliche Beratung helfen, die Kinder besser zu verstehen und sicherer mit ihnen umzugehen (AWMF Leitlinien Kinderheilkunde 2004).
Die Förderung kann verschiedene Schwerpunkte haben, die sich u.a. nach dem Lebens- bzw. Entwicklungsalter des Kindes, nach der Störung und nach den individuellen Bedürfnissen der Familie richten.

Welche Therapie für ein Kind angemessen ist, kann nur das behandelnde Team aus Kinderärzten, Psychologen und Therapeuten entscheiden.

Für Eltern ist ein wichtiges Kriterium für eine gute und erfolgreiche Therapie, dass das Kind sich wohl fühlt und sie selbst sich durch den Therapeuten oder die Therapeutin gut beraten und betreut fühlen. Außerdem sollten gemeinsam Behandlungsziele vereinbart und verfolgt werden, die für das Kind und die Eltern wichtig sind und ihnen im Alltag helfen.

Dauer und Häufigkeit

Wie oft und wie lange eine Behandlung stattfindet, hängt ebenfalls von vielen Faktoren ab. Es hat sich häufig als günstig erwiesen, zu Beginn einer Therapie zweimal wöchentlich zu behandeln, da schneller eine Beziehung zum Kind entsteht und neue Angebote effektiver aufgenommen werden. Wenn die Eltern die Anregungen der Therapeuten für zu Hause aufgenommen haben, kann die Therapie einmal wöchentlich fortgesetzt werden. Als Richtwert kann man von einer Therapiezeit von 6 Monaten bis 1 1/2 Jahren ausgehen, auch hier muss die individuelle Situation und Entwicklung des Kindes betrachtet werden.

Behandlungsbeginn

Nicht selten bemerken Eltern bereits im ersten Lebensjahr, dass mit ihrem Kind etwas nicht stimmt, es sich anders verhält als seine Geschwister. Es reagiert z.B.

beim An- und Ausziehen, beim Waschen und Wickeln extrem empfindlich oder lässt sich nicht gerne bewegen und tragen. Auch Probleme mit dem Schlafen und Essen können erste Hinweise auf Wahrnehmungsstörungen sein.
Bei den Vorsorgeuntersuchungen fallen wahrnehmungsgestörte Kinder meist durch Bewegungsprobleme auf, z.B. beim Umdrehen, Aufrichten, Krabbeln und Sitzen, aber auch beim Greifen und Hantieren mit Spielzeug. Dann wird in der Regel eine weitere Diagnostik unternommen und eine Therapie eingeleitet.

Am häufigsten werden Wahrnehmungsstörungen im Kindergarten- und Schulalter deutlich. Erzieher oder Lehrer weisen Eltern darauf hin, dass das Kind sich nicht wie die anderen verhält oder sich in einzelnen Bereichen wie Geschicklichkeit, Malen oder Sprache nicht altersgemäß entwickelt. Bei der Schuluntersuchung kann dies ebenfalls auffallen.

Behandlungsmöglichkeiten
Zur Behandlung und Förderung stehen u.a. folgende Möglichkeiten zur Verfügung:

- Ergotherapie
- Physiotherapie
- Logopädie oder Sprachtherapie
- Heilpädagogik
- Psychomotorik oder Motopädie
- Psychotherapie
- Spezielle pädagogische oder sonderpädagogische Angebote

Außerdem können Erziehungsberatungsstellen eine wichtige Beratung zum Umgang mit dem Kind geben.

Zentrale Aufgaben der Förderung und Behandlung:

- Das Kind darin zu unterstützen,
  - aktiv und selbstständig im Alltag handeln zu können,
  - an den Aktivitäten teilzunehmen, die ihm Spaß machen und ihm wichtig sind und
  - mit anderen Menschen in Kontakt und Kommunikation zu sein.

- Die Eltern aufzuklären, sie im Umgang mit dem Kind und bei der Gestaltung des Alltags zu beraten und anzuleiten.

Ergotherapie
Ergo bedeutet „tun, tätig sein, handeln". Ergotherapeuten setzen sich mit verschiedenen Störungen auseinander, die Menschen jeden Alters an der Ausführung von Handlungen hindern. Die Störungen können die Bewegung, die Wahrnehmung, das Denken, das Fühlen oder den Kontakt mit der Umwelt betreffen.
Ergotherapeuten stehen verschiedene Beobachtungsmöglichkeiten und Testverfahren zur Verfügung, um genauer herauszufinden, welche Sinneskanäle und Verarbeitungsstörungen ein Kind in seiner Handlungsfähigkeit behindern.

Vor dem Hintergrund meiner langjährigen Erfahrungen mit der Behandlung wahrnehmungsgestörter Kinder beschreibe ich im Folgenden ein Kind namens Jan, das mit Wahrnehmungsproblemen, die häufig so oder ähnlich auftreten, in die Ergotherapie kommt. Der Junge Jan ist dabei meiner Fantasie entsprungen, es gibt ihn so nicht. Ähnlichkeiten mit tatsächlich existierenden Personen sind von daher zufällig. Die Fotos, die den Text begleiten, zeigen nicht Jan, sondern andere Kinder. Die Fotos sollen Sie als Leser dabei unterstützen, sich ein Bild von einer ergotherapeutischen Behandlung zu machen.

Beispiel
Jan, sechs Jahre alt, kommt mit seiner Mutter zur Ergotherapie. Bei der Schuluntersuchung ist aufgefallen, dass er nicht auf einem Bein stehen oder hüpfen kann; er hat Probleme, den Stift richtig zu halten und malt noch sehr grob und ungeschickt. Das Schließen von Knöpfen und Reißverschlüssen fällt ihm schwer und er lässt sich noch gerne helfen. Im Kindergarten rennt er häufig im Garten herum, er klettert und schaukelt viel und so riskant, dass er immer wieder Verletzungen erleidet. Basteln und Malen vermeidet er lieber.
Die Ergotherapeutin führt mit Jans Mutter ein Gespräch über seine Entwicklung in den ersten Lebensjahren und erfährt dabei, dass er früh laufen lernte und sich wenig mit Spielzeug beschäftigte. Jan kann noch nicht ohne Stützräder Fahrrad fahren. Es fällt ihm schwer, länger bei einer Sache zu bleiben, er ist häufig unruhig.
Die Ergotherapeutin bittet Jans Mutter, Probleme zu benennen, die Jan in der Selbstversorgung, im Kindergarten und in der freien Zeit hat. Auch Jan wird gefragt, was ihn stört und was er sich anders wünscht. Nachdem gemeinsam die wichtigsten Probleme ausgewählt wurden, vereinbaren Jan, seine Mutter und die Therapeutin folgende Ziele für die Therapie:

- *Jan kann 15 Minuten still sitzen und selbstständig an einer Aufgabe arbeiten*
- *Jan erkennt und malt Formen, Linien und Figuren*
- *Jan turnt im Sportunterricht mit den anderen Kindern mit*
- *Jan hört konzentriert zu*
- *Jan lernt Fahrrad fahren*

Fahrrad fahren zu lernen war Jan besonders wichtig. „Sich selbst Knöpfe und Reißverschlüsse zumachen" wurde im Moment als nicht so wichtig angesehen und

deshalb erst einmal zurückgestellt. Jans Mutter hat außerdem noch eingeschätzt, wie gut Jan die oben aufgeführten Tätigkeiten zum jetzigen Zeitpunkt kann.
Um Jans Probleme besser einschätzen zu können, probiert die Ergotherapeutin viele verschiedene Tätigkeiten mit Jan aus. Sie stellt Jan u.a. verschiedene Bewegungsaufgaben und beobachtet seine Reaktionen auf verschiedene Spielgeräte und Angebote. Sie führt mit ihm einen Test durch, der zeigt, wie gut er visuelle Reize verarbeiten kann und wie seine Fähigkeit ist, Hände und Augen zu koordinieren. Nach einigen Stunden bespricht die Ergotherapeutin mit der Mutter, was ihr aufgefallen ist:
Jans Probleme resultieren aus einer Unterempfindlichkeit des Gleichgewichts und einer schlechten Anpassung seiner Muskelspannung. Deshalb fallen ihm Balanceaufgaben besonders schwer und er hilft sich, indem er sich schnell bewegt und keine Körperposition lange hält. Dadurch fehlt ihm die Ausdauer, sich längere Zeit mit einer Aufgabe zu beschäftigen. Mit seinen Händen macht er nur ungern etwas, er kann auch hier die Spannung der Muskulatur nicht immer richtig dosieren und setzt oft zu viel Kraft ein. Dadurch ist er in feinmotorischen Aufgaben ungeschickt. Jan ist schnell frustriert, weil er nicht so schöne Ergebnisse erzielt wie die anderen Kinder und will inzwischen schon gar nicht mehr malen. Er zeigt außerdem Schwierigkeiten in der Wahrnehmung räumlicher Beziehungen, er verwechselt Raumrichtungen und kann nur etwas nachbauen oder nachmalen, wenn ihm jemand hilft.

Jans Mutter und die Ergotherapeutin vereinbaren deshalb, wie sie gemeinsam Jan helfen werden, diese Fähigkeiten zu erlernen.
Die Therapeutin hat verschiedene Konzepte, die ihr helfen, für Jan die richtigen Aufgaben auszuwählen und die Anforderungen langsam zu steigern.

Ein bekanntes ergotherapeutisches Konzept ist die Sensorische Integrationstherapie. Da es besonders häufig in der Behandlung von Wahrnehmungsstörungen angewandt wird, wird es etwas ausführlicher dargestellt als die anderen Konzepte.

Sensorische Integrationstherapie
Sensorische Integration (SI) bezeichnet den Prozess der Vernetzung, Eingliederung und Ordnung neuer Reize im Nervensystem. Er beginnt bereits vor der Geburt und ist besonders im ersten Lebensjahr sehr intensiv, setzt sich aber lebenslang fort. Durch die Vernetzung wird die Entwicklung der Wahrnehmung und Wahrnehmungsverarbeitung ermöglicht (Schaefgen in Scheepers et al. 1999).
Die amerikanische Ergotherapeutin und Psychologin Jean Ayres hat das Konzept zur Behandlung von SI-Störungen entwickelt. Es beruht auf der Grundannahme, dass ein Mensch dazu in der Lage sein muss, Wahrnehmungsreize aus der Umwelt und dem eigenen Körper zu verarbeiten, damit er auf dieser Basis seine Handlungen planen und organisieren kann. Ist die Verarbeitung beeinträchtigt, kann sich das negativ auf das Lernen auswirken (Fisher et al. 2002, S. 5). Für besonders wichtig hielt J. Ayres den Gleichgewichtssinn, die propriozeptive Wahrnehmung und das

Tasten. Sie ging davon aus, dass diese die Grundlage für komplexere Leistungen wie Lesen, Schreiben oder Rechnen bilden.
Sensorische Integrationstherapie will dem Kind das Reizangebot geben, das genau seiner Verarbeitungsfähigkeit entspricht. Wie bei einer „Diät" werden die Reize und Anforderungen angeboten, die das Kind zur Konzentration und Anpassung herausfordern, aber eben nicht überfordern, wie es der Alltag häufig tut. Im geschützten Rahmen der Therapie kann das Kind sich langsam an schwierige Aufgaben wagen und sich in seinen Leistungen steigern. Eine wichtige Voraussetzung ist, dass das Kind Spaß, Freude und Interesse an dem hat, was es tut. Erst dann ist sein Nervensystem aufnahmefähig, denn das Kind fühlt sich sicher und bestätigt und möchte alles immer noch besser machen. Es kann aus dem Kreislauf der Vermeidung von Handlungen herauskommen und sich schließlich nach einiger Zeit selbstständig und ohne Hilfe neuen spannenden Herausforderungen stellen.
SI-Therapeuten benutzen viele verschiedene Medien und Tätigkeiten, um diese gezielte „Diät" zu entwickeln. Die genaue Dosierung und Ausführung erlernen sie in speziellen Weiterbildungen.

Ziel der Sensorischen Integrationstherapie ist es, zu erreichen, dass das Kind seine Handlungen selbst zu steuern lernt und seine Fähigkeiten über Erfolgserlebnisse immer weiter ausbaut.

Ein Therapieerfolg ist dann sichtbar, wenn das Kind selbstständig seine Bewegungen anpassen und seine Handlungen ohne Hilfe planen und durchführen kann. Um dies zu erreichen, verstärken die Therapeuten die Rückmeldung, die das Kind durch sein Handeln bekommt. Sie helfen ihm, besser zu spüren, wie etwas gelingt und weisen es durch Kommentare darauf hin.

Beispiele

Jan liegt auf dem Bauch in einer Hängematte und sammelt Sandsäckchen auf:

- *Er stärkt seine Rückenmuskeln durch die Streckhaltung.*
- *Dass er seinen Kopf in dieser Haltung mit Hilfe der Nackenmuskeln halten muss (Aufrichtung des Nackens), gibt seiner propriozeptiven Wahrnehmung viele Impulse, diese helfen seinem Nervensystem, die Muskelspannung richtig zu dosieren und Gleichgewichtsreize zu verarbeiten, die durch das Hin- und Herschaukeln oder Im- Kreis-Bewegen entstehen.*
- *Das Schwungholen kann durch Ziehen an einem Seil oder durch Abstoßen geschehen. Zug und Druck durch aktive Bewegung regen die Rezeptoren in Muskeln und Gelenken an.*
- *Jan erfasst mit den Augen, wo die Säckchen liegen und bewegt sich mit Hilfe seiner Arme dorthin, er greift nach den Säckchen und übt dadurch die Ko-*

ordination von Augen und Körper. Er muss rechtzeitig abbremsen und lernt so auch die zeitliche Organisation seiner Bewegung.

Abb. 5:
Säckchen aus der Hängematte heraus einsammeln

- *Das Erkennen von Raumrichtungen und der Lage des Körpers oder eines Gegenstandes im Raum kann ebenfalls spielerisch geübt werden, indem er z.B. die Säckchen von links nach rechts oder von vorne nach hinten bringen soll.*
- *Die Säckchen mit unterschiedlicher Oberfläche und Füllung vermitteln ihm verschiedene Tasteindrücke und regen auch seine Tiefensensibilität an.*
- *Die Muskelspannung der Arme und Hände muss sich bei jedem Säckchen, das er ergreift, neu anpassen, da die Säckchen unterschiedlich groß und schwer sind.*
- *Jan spürt seinen ganzen Körper.*
- *Er ist in der Hängematte sicher und kann die Bewegung genießen.*
- *Er steuert selbst die Schaukelbewegungen und kann jederzeit bremsen oder ausruhen.*

Es werden auch andere Schaukeln eingesetzt, wie z.B. Brettschaukeln und Tellerschaukeln. Gezielt kann ausgewählt werden, ob das Kind sich linear – d.h. hin und her – oder im Kreis bewegen soll und wie viel Unterstützung und Halt es dabei braucht. Balancierscheiben, Seile zum Drüberlaufen, schräge Ebenen, Bänke u.Ä. können zum Balancieren benutzt werden. Dicke Matten, große weiche Säcke und Trampoline ermöglichen dem Kind, zu springen, sich fallen zu lassen oder mit Schwung gegen einen Widerstand zu laufen.
Gerne ziehen und schieben die Kinder auch die Matten, Kisten mit Rädern, die mit Säckchen gefüllt sind, oder andere Personen, die auf einem Rollbrett sitzen. Dadurch wird besonders das propriozeptive Wahrnehmungssystem der Muskeln und Gelenke angeregt, das hilft dem Kind, die Muskelspannung angemessen zu regulieren. Das Kind spürt sich dann besser und empfindet diese Tätigkeiten als wohltuend. Es lernt seinen Körper besser kennen (Körperschema) und verbessert damit auch die Koordination der Körperteile, die Bewegungskontrolle und das Tempo. Auch die Entwicklung der Handdominanz (Rechts- oder Linkshänder) wird gefördert.

Die Ergotherapeutin führt mit Jan auch handwerkliche Aufgaben durch wie Holz sägen, hämmern und bohren, Stein bearbeiten, mit Ton modellieren etc., um so die Geschicklichkeit zu erreichen, die Jan für die Schule benötigt. Anfangs gibt sie ihm Aufgaben und Materialien, bei denen er eher große und grobe Bewegungen machen muss, nach und nach werden die Aufgaben für Jan feiner und erfordern mehr Geschicklichkeit, z.B. Faltarbeiten, Schneide- und Klebearbeiten, Malen.

Viele Kinder legen sich auch gerne unter große Säcke bzw. Matten oder lassen sich mit Sandsäcken beschweren. Das wirkt sehr beruhigend auf sie und fördert ebenfalls die Körperwahrnehmung. Massagen oder den Körper mit einem Igel- oder Tennisball abrollen sind ebenfalls angenehme und entspannende Angebote, die auch leicht zu Hause wiederholt werden können, z.B. als Einschlafritual oder nach der Schule vor den Hausaufgaben.

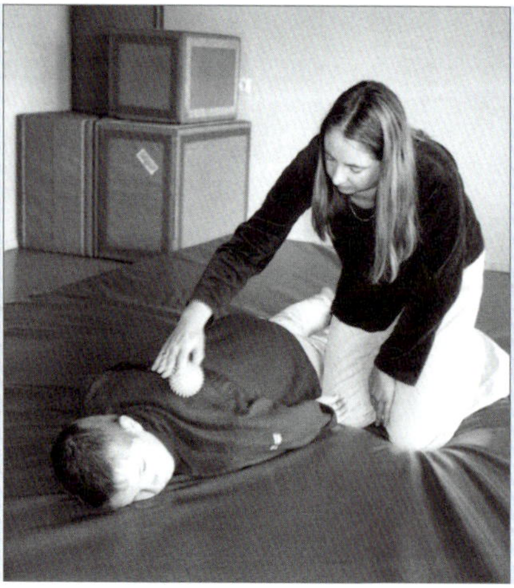

Abb. 6: Ballmassage mit einem Igelball

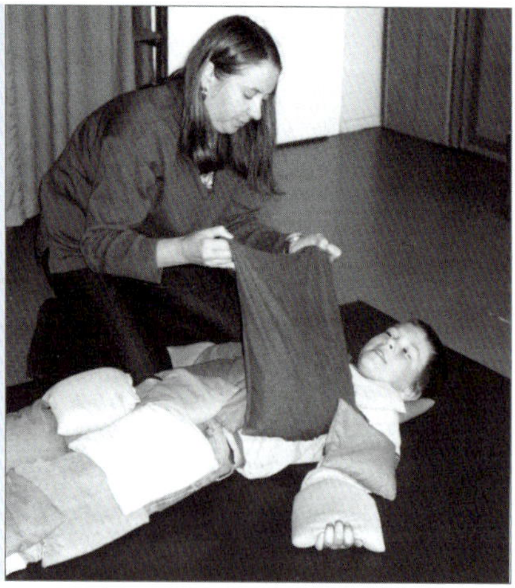

Abb. 7a: Entspannung unter Säckchen

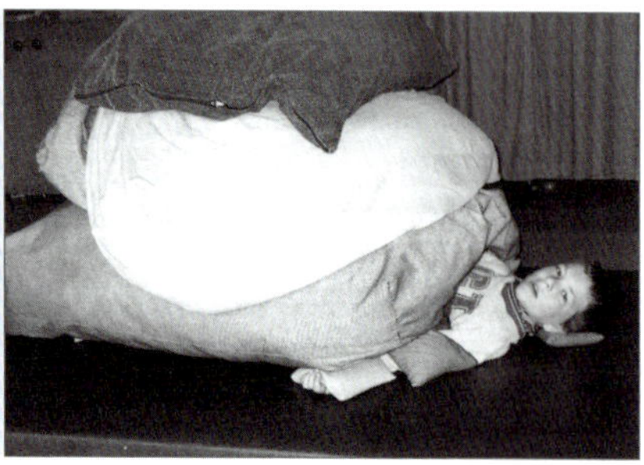

Abb. 7b: ... und großen Säcken

Um die taktile Wahrnehmung anzuregen und die Vermeidung von weichen Materialien zu reduzieren, eignet sich Rasierschaum. Er hat gegenüber der Fingerfarbe, mit der viele Kinder spielen, den Vorteil, dass er weniger kalt, klitschig und matschig ist. Malübungen lassen sich sehr gut mit Rasierschaum vorbereiten.

Abb. 8a, b: Malen im Rasierschaum

Bäder in Materialien wie Reis, Bohnen, Linsen geben starke Reizeindrücke. Sie werden genutzt, um die taktile Wahrnehmung zu fördern. Die Kinder füllen die Materialien in Gefäße, lassen sie durch Siebe und Rohre auf ihre Hände rieseln, buddeln sich darin ein oder verstecken Gegenstände darin. So üben sie neben ihrer Wahrnehmung auch das Greifen und Hantieren.

Abb. 9: Kastanien aus dem Bohnenbad heraussuchen

Ergotherapeuten kombinieren Übungen der Körperwahrnehmung mit Übungen für das Sehen und Hören, je nachdem, mit welchem Sinneskanal das Kind Probleme hat.

Besonders wichtig ist es, zu beachten, wie die Sinneskanäle sich gegenseitig beeinflussen. Sie können hemmend oder verstärkend aufeinander wirken. Deshalb ist es wichtig, dass die Therapie von gut ausgebildeten Therapeuten ausgeführt wird.

Integrative Entwicklungstherapie nach Marianne Frostig
Marianne Frostig untersuchte und erforschte als Ergotherapeutin und Psychologin das Entstehen und die Behandlung von Lernstörungen. Nach ihrer Auffassung werden bestimmte Lernstörungen von Wahrnehmungsstörungen verursacht. Sie konzentrierte sich besonders auf die Verarbeitung von Sehreizen (visuelle Wahrnehmung) und entwickelte einen Test, der in überarbeiteter Form heute zur Standarddiagnostik gehört. Außerdem stellte sie Lehrern und Therapeuten ein motorisches Übungslernprogramm und Arbeitsblätter zum Training der visuellen Wahrnehmung zur Verfügung. Sie forderte eine auf jedes Kind zugeschnittene Förderung, die zunächst bei Körpererfahrungen durch Bewegung beginnen sollte, um dann das Gelernte auf die Arbeit mit Übungsblättern zu übertragen. Ihre Anregungen wurden in die Entwicklung von Spielmaterialien und in viele Übungshefte für Vorschulkinder und Erstklässler aufgenommen.

Jans Probleme, Sehen und Bewegung zu koordinieren und die Raumlage und räumliche Beziehungen zwischen Dingen wahrzunehmen, versucht die Ergotherapeutin zu beheben, indem sie Jan gezielte Aufgaben stellt, die sie mit den schon beschriebenen Übungen kombinieren kann.

Beispiele
Jan soll eine Wegstrecke für das Rollbrett aufbauen. Er kann dazu Bänke, Seile, Kreide, Schaumstoffklötze oder andere Abgrenzungen benutzen. Als Vorlage erhält er eine Zeichnung, die er auf den Raum übertragen soll.
Oder er baut Straßen und überträgt sie in eine „Landkarte". Auch das Suchen eines „Piratenschatzes" anhand einer Schatzkarte macht ihm viel Spaß.
Später übt er mit seiner Therapeutin auf dem Papier weiter. Die Straßen können immer enger werden, da sich Jans Genauigkeit und Geschicklichkeit zunehmend verbessern und er jetzt innerhalb von Linien bleiben kann. Auch das Bild, das er von sich selbst malt, gefällt ihm besser als vor einigen Monaten: Er hat nun ein klares Bild von seinem Körper und malt ihn mit mehr Einzelheiten und den richtigen räumlichen Verhältnissen.
Zu Hause spielt Jan nun mit seiner Familie gerne Spiele, die die räumliche Wahrnehmung und das räumliche Vorstellungsvermögen üben, wie z.B. „Das verrückte Labyrinth" (Ravensburger Verlag)., er bastelt jetzt mit seinem Großvater und hilft gerne beim Kochen. Jans Gleichgewicht hat sich deutlich verbessert. Er balanciert jetzt auf kleinen Mäuerchen und hat in der Ergotherapie an Geräten wie Wackelscheiben und Pedalo seine Balance verbessert. Nachdem er einige Zeit ein Laufrad benutzt hat, ist ihm der Wechsel zum Fahrrad gut gelungen. Darauf ist Jan besonders stolz. Er und seine Familie wissen inzwischen, was er tun kann, wenn er unruhig wird. Manchmal fährt er mit dem Fahrrad oder übt Seilspringen. An anderen Tagen möchte er lieber massiert werden und eine Geschichte hören. Inzwischen schafft er es, sich 15 Minuten alleine am Tisch zu beschäftigen. Die Ergotherapeutin hat

mit ihm außer den beschriebenen Übungen auch spezielle Aufgaben und Spiele gemacht, die seine Motorik für das Schreiben und Malen fördern. Zu Hause hat er dadurch mehr Lust zu malen und malt z.B. gerne Mandalas aus.
Nach zwölf Monaten Therapie zeigt Jan sehr gute Fortschritte. Etwa alle drei Monate haben die Ergotherapeutin und Jans Mutter in einem Gespräch seine Entwicklung besprochen, Jan wurde ebenfalls nach seiner Meinung gefragt. Gemeinsam haben sie überlegt, was wichtig ist, was zu Hause und in der Therapie im Vordergrund stehen soll und wie sich Jans Fähigkeiten verändert haben. Nach einem Jahr sind Jan und seine Mutter zufrieden mit der aktuellen Situation. Die Therapie kann deshalb abgeschlossen werden.

Weitere Konzepte in der Ergotherapie
Weitere Konzepte, die in der Ergotherapie zur Behandlung von Wahrnehmungsstörungen genutzt werden, sind:
- Psychomotorische Übungsbehandlung
- das Bobath-Konzept
- das Affolter Konzept (auch St. Galler Modell genannt)
- Basale Stimulation

Die Konzepte werden im Folgenden erklärt.

Psychomotorische Übungsbehandlung, Motopädie
Ernst J. Kiphard ist Zirkusartist, Sportlehrer und Professor für Prävention und Rehabilitation. In den 1950-60er Jahren entwickelte er die psychomotorische Übungsbehandlung für Kinder mit Bewegungs-, Lern- und Verhaltensstörungen. Später wurde das Konzept zur Motopädie weiterentwickelt. Es gibt Therapeuten, Pädagogen und Sportlehrer, die sich auf dieses Fach spezialisiert haben. Während die psychomotorische Übungsbehandlung ein Konzept für Gruppen ist, wird die Motopädie auch mit einzelnen Kindern durchgeführt. Psychomotorik wird in Kindergärten, Schulen, Sportvereinen, Vereinen für Psychomotorik, Kliniken und Physio- und Ergotherapiepraxen angeboten.
Im Rahmen der Psychomotorik entstand der Körperkoordinationstest für Kinder (KTK), der in vielen Ergo- und Physiotherapiepraxen angewandt wird.
Die psychomotorische Übungsbehandlung ist eine Gruppenbehandlung für Kinder ab dem Vorschulalter. Sie möchte das Kind in folgenden Kompetenzen fördern:
Ich-Kompetenz: Das Kind nimmt seinen Körper und seine Umwelt wahr, es ist in der Körper- und Handmotorik geschickt.
Materialkompetenz: Das Kind erfasst die speziellen Eigenschaften eines Materials und entwickelt eigenständig Ideen, wie das Material eingesetzt werden kann. Mit einfachen Materialien wie Matten, Bällen, Tüchern, Stäben, Zeitungspapier, Kartons etc. werden fantasievolle Spiele entwickelt.

Sozialkompetenz: Das Kind nimmt sein Gegenüber und die Kindergruppe wahr und kann mit anderen zusammenarbeiten. In Partner- und Gruppenarbeiten lösen die Kinder gemeinsam Aufgaben, bei denen es besonders auf die Wahrnehmung und Abstimmung mit anderen ankommt.

Beispiel
In der Kindergruppe treffen sich vier Kinder im Alter zwischen 5 und 6 Jahren. Die Stunde führen eine Physiotherapeutin und eine Motopädin gemeinsam durch. Sie haben alte Zeitungen mitgebracht. Jedes Kind bekommt eine Zeitung und sucht sich einen Platz im Raum, auf dem es die Zeitung als sein „Haus" auslegt. Die Kinder bewegen sich um ihre Häuser herum im Raum. Sie sollen darauf achten, dass sie nicht zusammenstoßen und nicht auf eines der Häuser treten. Dann werden die Kinder aufgefordert, auf ein Signal hin, schnell zu ihrem Haus zu laufen und sich auf die Zeitung zu stellen. Das Signal ist der Klang einer Triangel, die von einer Übungsleiterin angeschlagen wird. Als es allen Kindern gelingt, auf das Signal zu hören, werden neue Aufgaben hinzugefügt: sich auf die Zeitung auf den Bauch legen oder auf den Rücken, sich hinknien, nur einen Fuß auf die Zeitung stellen etc. Die Kinder denken sich selbst neue Möglichkeiten aus. Im weiteren Spielverlauf werden Ideen der Kinder aufgegriffen und gemeinsam umgesetzt. Aus den Zeitungen werden Straßen gelegt mit Kreuzungen, die Kinder gehen gemeinsam darauf und bilden eine Straßenbahn, indem sie sich hintereinander anhängen, sie knüllen die Zeitungen zu Bällen und Ballspiele entstehen, sie falten Hüte, Flugzeuge und Schiffe. Gegen Ende zerreißen die Kinder Zeitungen zu Schnipseln und werfen sie hoch und lassen sie zu Boden fliegen. Schließlich werden alle Schnipsel zu einem großen Berg zusammengetragen. Die Kinder legen sich nebeneinander ruhig hin und die Erwachsenen lassen die Schnipsel auf sie herunterschneien. Die Kinder liegen noch eine Weile ruhig und gemütlich unter dem „Schnee".

In der Psychomotorikgruppe helfen die drei „R" besonders dem wahrnehmungsgestörten Kind sich zu orientieren (siehe auch: Hilfe im Alltag).

- Regeln: Sie machen Grenzen deutlich und helfen, sich selbst und die Umwelt wahrzunehmen. Beispiel: Es darf niemand verletzt und kein Material oder Spiel eines anderen zerstört werden.
- Rituale: Immer wiederkehrende Abläufe geben Sicherheit und Orientierung. Beispiel: Zur Begrüßung und zum Abschied treffen sich alle Kinder auf einer Matte und setzen sich im Kreis zusammen.
- Rhythmen: Der Ablauf einer Stunde folgt einem Rhythmus, der für das Kind vorhersehbar ist: Begrüßung, Bewegungsaufgaben zum Aufwärmen, Anspannungsübungen und eine anschließende Entspannungsphase, Abschied.

Physiotherapie
Physiotherapie dient zur Behandlung von Bewegungsstörungen in jedem Alter.

Wahrnehmungsgestörte Kinder werden physiotherapeutisch behandelt, wenn sie z.B. Probleme mit der Aufrichtung und Haltung oder mit der Planung und Koordination von Bewegungen haben, ihre Muskelspannung zu hoch oder zu niedrig ist oder sie das Gleichgewicht nicht halten können.

Es werden in der Behandlung von Säuglingen und Kindern u.a. drei Behandlungskonzepte unterschieden: das Bobath-Konzept, die Vojta-Therapie und das Castillo-Morales-Konzept. Physiotherapeuten wenden außerdem die psychomotorische Übungsbehandlung an (s.o.).

Das Bobath-Konzept
Die Physiotherapeutin Berta Bobath und ihr Mann Karel Bobath, Neurologe, entwickelten gemeinsam ihr Konzept zur Behandlung von Kindern mit zerebralen Bewegungsstörungen (zerebral bedeutet durch eine Hirnschädigung verursacht). Sie fanden einen Weg, unnormale Muskelspannungen wie eine Spastik zu beeinflussen und dem Kind durch ein bestimmtes „Handling" eine normale und gesündere Bewegungserfahrung zu ermöglichen. Das Handling beinhaltet bestimmte Körperlagen und Haltungen und ein gezieltes Drücken oder Stimulieren des Körpers an bestimmten Körperstellen, den sogenannten Schlüsselpunkten. Ausgehend von der Anwendung in der Behandlung körperbehinderter Kinder wurde das Konzept auch auf Säuglinge und Kinder mit Verzögerungen in der motorischen Entwicklung übertragen und wird auch in der Erwachsenenbehandlung bei Bewegungsstörungen, z.B. nach Schlaganfall, eingesetzt. Durch das Bobath-Konzept kann das Kind z.B. angeregt werden, sich zu drehen, hinzusetzen, zu krabbeln oder zu laufen. Eltern werden in diesem speziellen Handling angeleitet und können ihre Kinder so auch zu Hause unterstützen. Das Bobath-Konzept versucht den Kindern dabei zu helfen, die Handlungen auszuführen, die sie gerne tun möchten. Durch die intensive Stimulation des Körpers verbessert sich nicht nur die Aufrichtung und Fortbewegung, auch die Körperwahrnehmung wird gefördert. Das Bobath-Konzept betrachtet die ganze Situation des Kindes und der Familie und unterstützt Alltagshandlungen wie das Essen, An- und Ausziehen, Spielen und Sprechen. Physio- und Ergotherapeuten erlernen die Anwendung des Bobath-Konzepts in einer Weiterbildung.

Vojta-Therapie
Auch der Neurologe Vaclav Vojta arbeitete in den 1950er Jahren mit Kindern, die aufgrund einer Hirnschädigung Bewegungsstörungen hatten. Er fand heraus, dass Bewegungen wie z.B. Kriechen und Umdrehen auch bei Kindern mit hirnbedingten Störungen ausgelöst werden können. Dabei werden aus einer bestimmten Aus-

gangsstellung heraus in einer Körperzone propriozeptive Reize gesetzt, die das Kind zu der gewünschten Bewegung bringen. Aus dieser Fortbewegung heraus können wieder neue Ausgangsstellungen entstehen. Das Vojta-Konzept kann sich in der Behandlung von Kindern mit Wahrnehmungsstörungen, die auf hirnorganischen Störungen beruhen (z.B. Zerebralparese, nach Schädel-Hirnverletzungen etc.), positiv auswirken, da es auch auf das Körpergefühl wirkt und vegetative Störungen des Schlaf-Wachrhythmus, der Verdauung und Atmung gemindert werden (Hüter-Becker, Dölken 2004). Die Anwendung muss je nach Schweregrad mehrmals täglich wiederholt werden und kann für Kinder und Eltern manchmal belastend sein. Auch die Vojta-Behandlung erlernen die Therapeuten in einer Weiterbildung.

Castillo-Morales-Konzept

Dr. Rudolfo Castillo-Morales hat als Rehabilitationsarzt in Cordoba (Argentinien) sein Therapiekonzept für Kinder und Erwachsene mit neurologischen Auffälligkeiten entwickelt. Es entstand vor allem in der Behandlung von Kindern mit geistiger Behinderung und niedriger Muskelspannung und wurde ausgeweitet auf Kinder mit Verzögerungen in der Bewegungsentwicklung, Patienten mit Nervenlähmungen, nach Schädel-Hirn-Verletzungen und anderen Erkrankungen, die Nerven und Muskel betreffen. Ähnlich wie beim Bobath-Konzept benutzen auch Castillo-Morales-Therapeuten Berührung, Druck, Zug und Vibration, um das Kind zu Bewegungen anzuregen. Ziel ist auch hier, dass das Kind die Bewegungsabläufe übernimmt und im Alltag selbstständig einsetzt.

Für Kinder, die durch eine zu geringe Muskelspannung im Mundbereich beim Essen und Sprechen Probleme haben, entwickelte Castillo-Morales ein bestimmtes Vorgehen und ein Hilfsmittel zur Stimulation der Wahrnehmung. Auch dieses Konzept erlernen Physiotherapeuten und Logopäden in einer Weiterbildung.

Logopädie

Logopäden behandeln Störungen der Sprache, des Schluckens und der Stimme in jedem Alter. Wahrnehmungsgestörte Kinder können folgende Sprachprobleme haben:

- Sprachentwicklungsverzögerung: Das Kind kann noch nicht so wie andere Kinder seines Alters sprechen, die Sätze sind z.B. noch zu einfach, es kennt nur wenige Wörter, es spricht undeutlich und verwechselt ähnlich klingende Laute wie k-t, g-d.
- Artikulationsstörungen: Das Kind kann bestimmte Laute nicht bilden, es ist deshalb schwer verständlich, es lässt Silben weg oder vertauscht Laute.
- Dysgrammatismus: Das Kind verdreht die Stellung von Wörtern im Satz oder benutzt falsche Artikel oder Endungen der Verben.
- Störung der auditiven Wahrnehmungsverarbeitung: Das Ohr selbst kann gut hören, das Gehirn kann aber die eintreffenden Hörreize nicht angemessen

verarbeiten. Das Kind kann z.B. Laute schlecht voneinander unterscheiden, sie klingen ihm ähnlich und es spricht sie nicht unterschiedlich aus (z.B. unterscheidet das Kind „m" und „n" nicht), entsprechend falsch schreibt es sie dann auch. Wenn vieles gleichzeitig zu hören ist, kann das Kind sich nicht auf bestimmte Reize konzentrieren und andere „leiser stellen". Spricht z.B. sein Banknachbar, fliegt ein Flugzeug vorbei und raschelt jemand mit Papier, dann kann das Kind die Stimme des Lehrers nicht mehr heraushören, sie verschwindet in den anderen Geräuschen, die dem Kind alle gleich intensiv erscheinen. Oft können Kinder mit auditiven Wahrnehmungsverarbeitungsstörungen sich nur 3-4 Silben oder Wörter merken und vergessen schnell, was sie gehört haben. Psychologen und Logopäden sind geschult, diese Störungen zu erkennen und zu behandeln.

- Außerdem behandeln Logopäden Störungen der Mundmotorik. Wenn ein Kind z.B. eine zu niedrige Muskelspannung hat, ist davon auch der Mundbereich betroffen. Das Kind schließt den Mund nicht, kaut wenig und hat nicht nur beim Essen Probleme, sondern spricht auch undeutlich oder lernt sehr viel langsamer sprechen als andere Kinder.

Logopäden regen Kinder spielerisch zum Sprechen an. Im Spiel erweitern sie den Wortschatz, verbessern die Aussprache und Satzbildung des Kindes. Sie helfen dem Kind genauer auf verschiedene Laute zu hören. Sie wirken auch auf die Bewegungen ein, die zum Essen und Sprechen notwendig sind.

Heilpädagogik

Heilpädagogen können bereits in der Frühförderung die Entwicklung des Kindes unterstützen. Durch gelenktes Spiel (Spielpädagogik und Spieltherapie) geben sie Entwicklungsimpulse. Sie bahnen und fördern die Kommunikation und Interaktion des Kindes und beraten die Eltern entsprechend. Dabei achten sie besonders auf die emotionale und soziale Entwicklung des Kindes und seine Einbindung in die Familie und Kindergruppe. Weitere Ziele der Heilpädagogik sind:

- das Kind im Denken und selbstständigen Handeln unterstützen
- Feinmotorik und alltagspraktisches Handeln fördern
- die Kreativität und Fantasie des Kindes anregen

Heilpädagogen nutzen ebenfalls Konzepte wie die Basale Stimulation, Frostig (s.o.) oder Affolter (s.u.).

Spezielle sonderpädagogische und pädagogische Angebote

Das Affolter-Konzept oder St. Galler Modell

Félicie Affolter ist eine Sonderpädagogin und Psychologin aus der Schweiz. Sie beobachtete und erforschte das Verhalten von Kindern und Erwachsenen mit neurologischen Problemen und Sprachstörungen. Ihre Vorstellung von Entwicklung beinhaltet ebenfalls die Annahme, dass wir unsere Umwelt spüren müssen, um in ihr angepasst und angemessen wirken zu können. Wahrnehmungsstörungen führt sie vor allem auf das Fehlen von verwertbaren Spürinformationen in Alltagssituationen zurück. Sie möchte deshalb in der Behandlung Spürinformationen eindeutig, langsam und mit Ruhe vermitteln, so dass dem Kind Zeit bleibt, Abwehr zu überwinden, sich anzupassen und die Bewegung dosiert zu vollziehen. Dies geschieht über das Führen der Hände und wenn nötig auch des ganzen Körpers in Situationen, die im Alltag auftreten. Ergotherapeuten und Heilpädagogen lernen diese spezielle Methode in Fortbildungen.

> „Alltag ist Wirklichkeit
> voll mit Problemen.
> Ich, als Kind, stöbere sie auf,
> versuche sie zu lösen.
>
> Probleme des Alltags!
> Sie zu lösen bereitet Schwierigkeiten,
> die ich überwinde,
> indem ich die Umwelt erspüre.
>
> So lerne ich, die Beschaffenheit
> und die Nachbarschaft der Dinge
> und dazwischen mich selbst
> zu erkennen.
>
> Ich lerne, auf die Umwelt einzuwirken,
> meinen Körper einzusetzen,
> Veränderungen zu erzielen
> und dies alles wieder zu erspüren." (Affolter 1990, S. 180)

Beispiel

Sascha, 9 Jahre, hatte einen schweren Sturz mit dem Fahrrad und eine Schädelverletzung. Seine Wahrnehmungs- und Sprachfähigkeiten sind noch beeinträchtigt. Ebenso kann er Handlungen noch nicht alleine planen. Er möchte einen Apfelsaft selbst machen. Beim Schneiden und Reiben hat er aber noch große Probleme. Die Therapeutin hilft ihm, indem sie seine Hände langsam führt. Dabei achtet sie darauf, dass Sascha genug Zeit hat zu spüren, wie sich der Apfel anfühlt, wie viel Druck er mit dem Messer ausüben muss. Sie sorgt auch dafür, dass er immer den Kontakt zur Unterlage behält, um den Gegendruck zu spüren. Auch beim Reiben führt sie zunächst seine Hände. Als sie merkt, dass er jetzt die Kraft richtig dosieren kann, nimmt sie allmählich die Führung zurück und Sascha übernimmt die Bewegung selbstständig.

Basale Stimulation

Der Sonderpädagoge Andreas Fröhlich stellte fest, dass ein Hauptproblem von Kindern mit schweren Behinderungen in der eingeschränkten Möglichkeit liegt, mit der Umwelt zu kommunizieren. Er entwickelte ein Konzept, das es Bezugspersonen ermöglicht, durch den Einsatz von Wahrnehmung in einen Dialog mit dem Kind zu kommen. Basale Stimulation wird vorwiegend Menschen angeboten, die eine schwere Beeinträchtigung der Bewegung haben und die darauf angewiesen sind, dass andere Menschen ihnen helfen, sich selbst und ihre Umwelt zu spüren. Es werden Mittel eingesetzt wie Berührungen mit verschiedenen Materialien, Schaukeln, Musik, Bilder, Vibration.

Beispiel

Lisa ist ein Kind mit einer schweren Körper- und Sehbehinderung. Sie ist auf Hilfe von anderen Menschen angewiesen und kann sich selbst nur auf dem Boden liegend drehen. Sitzen ist ihr nur mit Hilfsmitteln möglich. Der Therapeut benutzt Musikinstrumente, um mit Lisa Kontakt aufzunehmen. Er sieht, dass sie auf den Klang und die Vibration einer großen Trommel reagiert, indem sie mit ihren schaukelnden Bewegungen aufhört und sich der Geräuschquelle zuwendet. Er wartet eine Weile und lässt dann die Trommel erneut ertönen. Als er wiederum Lisas Aufmerksamkeit hat, hilft er ihr, die Trommel zu berühren und selbst einen Klang zu erzeugen. Aus dem Klingen, Hören und Warten auf den nächsten Ton entsteht ein Dialog. Wie in einem Gespräch treten Lisa und ihr Therapeut in einen Kontakt. Man sieht, dass Lisa sehr viel Freude dabei empfindet.

Die folgenden pädagogischen Konzepte für Kindergarten und Schule haben der Förderung von Wahrnehmung und Bewegung besondere Beachtung geschenkt. Sie können für ein Kind mit Wahrnehmungsstörungen möglicherweise hilfreich sein. Auch hier spielen natürlich viele Faktoren bei der Entscheidung eine Rolle, welche Einrichtung die richtige für ein Kind ist.

Montessori-Pädagogik

Maria Montessori, eine italienische Ärztin, entwickelte durch ihre Arbeit mit geistig behinderten und entwicklungsgestörten Kindern eine spezielle Art der Pädagogik, die heute weltweit in Kindergärten und Schulen angewandt wird. Ihr Lernprinzip lautete:

„Hilf mir, es selbst zu tun", sie stellt vor allem das selbstständige Lernen des Kindes in den Vordergrund. Dazu entwickelte sie Arbeitsmaterialien, die dem Kind über die Erfahrung mit den Sinnen helfen, die Umwelt zu begreifen und Denkstrukturen zu entwickeln. Die Kinder können selbstständig ihre Erfolge anhand des Materials einschätzen. Für wahrnehmungsgestörte Kinder kann das Material und die Arbeitsweise eine Hilfe sein. Die Kinder müssen aber bereits im Kindergartenalter an die freie und selbstständige Arbeitsweise herangeführt werden.

Waldorf-Pädagogik

Rudolf Steiner war promovierter Philosoph und entwickelte die anthroposophische Geisteswissenschaft, zu der auch die Waldorf-Pädagogik gehört. In Waldorf-Kindergärten und -Schulen arbeiten weltweit speziell ausgebildete Pädagogen. Waldorf-Kindergärten und -Schulen entstehen aus örtlichen Elterninitiativen. Die Schulen werden vom jeweiligen Lehrerkollegium in Selbstverwaltung zusammen mit den Eltern geführt, sind also freie öffentliche Schulen. Die Waldorf-Pädagogik legt sehr viel Wert auf die körperlichen Grundlagen des Lernens: sich bewegen, Natur und Umwelt wahrnehmen, sich künstlerisch betätigen. So gehören z.B. zum Unterricht: Sport- und Eurythmieunterricht, Plastizieren, Schnitzen, Tischlern, Metallarbeiten, Schmieden, Steinmetzen, Stricken, Häkeln, Sticken, Schneidern, Filzen, Flechten, Schuhmachen, Spinnen, Weben, Flöten, Leierspielen, Malen, Zeichnen und Buchbinden. Eurythmie arbeitet u.a. mit Körpersprache, um Musik und Sprache durch Bewegung sichtbar zu machen. Ebenso wird auf die Persönlichkeitsentwicklung und die soziale Entwicklung der Kinder geachtet.

Reggio-Pädagogik

In der italienischen Region Reggio Emilia hat sich nach dem 2.Weltkrieg eine besondere Pädagogik entwickelt, die die Sinne ins Zentrum des kindlichen Lernens stellt. Kinder werden vom Krippenalter bis zur Schule in Einrichtungen versorgt, die konsequent die Sinne anregen und die Kreativität der Kinder fördern. Das zeigt sich in der Architektur, in der Gestaltung der Räume, im Spielmaterial und in der Arbeitsweise der Pädagogen. Die Bedürfnisse der Kinder nach Gemeinschaft und Austausch, ihre natürliche Neugierde und ihr Forschungsdrang werden so unterstützt, dass sie eine breite Anregung für die Wahrnehmung, Bewegung und das Denken erfahren. Bereits im Kindergartenalter werden die Kinder zum künstlerischen Gestalten angeregt. Dies wird in der Schule fortgesetzt und führt zu erstaunlichen Ergebnissen. In Deutschland gibt es Kindergärten, die diese Art der Pädagogik übernommen haben.

Psychotherapie

Kinder mit Wahrnehmungsstörungen deuten ihre Umwelt häufig falsch und verhalten sich nicht so, wie es andere von ihnen erwarten. Das Kind mit einer schwachen propriozeptiven Wahrnehmung kann seine Kraft nicht richtig dosieren

und fasst andere Kinder zu fest an. Dies kann dazu führen, dass es von anderen Kindern abgelehnt wird und sie ihm aus dem Weg gehen. Kinder mit einer taktilen Abwehr meiden die Nähe anderer Menschen und verhalten sich abweisend, weil sie sich schnell bedroht fühlen. Für Eltern, Geschwister und andere Kinder ist dieses Verhalten schwer zu verstehen. Es kann zu Missverständnissen und Konflikten kommen, die die ganze Familie belasten. Kinderpsychotherapie kann hier gezielte Hilfen bieten.
Ferner gibt es Kinder, die Wahrnehmungsstörungen aufgrund einer schweren psychischen Verletzung entwickelt haben, z.B. durch Vernachlässigung, Misshandlung oder Missbrauch. Für diese Kinder ist psychotherapeutische Hilfe sehr wichtig, um die Verletzungen zu verarbeiten. Eine zusätzliche Unterstützung durch andere Angebote wie Ergotherapie, Heilpädagogik oder Motopädie kann notwendig sein.

Kindzentrierte Spieltherapie
Die kindzentrierte Spieltherapie geht davon aus, dass sich jedes Kind weiterentwickeln möchte und deshalb in seinem Spiel die Konflikte und Probleme, die es beschäftigen, zeigen wird. Der Therapeut kann diese sprachlichen oder spielerischen Äußerungen aufgreifen und das Kind darin unterstützen, Lösungen und neue Verhaltensmöglichkeiten zu entwickeln.

Verhaltenstherapie
Die Verhaltenstherapie möchte gelerntes Verhalten, das aus der Reaktion der Umwelt entstanden ist, aber von dieser als störend erlebt wird, abbauen und dem Kind helfen, neue Verhaltensweisen zu erlernen. Dazu ist die Mitarbeit der ganzen Familie nötig, da sie z.B. durch ihre positive Reaktion das neue Verhalten bestärken muss.

Familientherapie
Die Familientherapie sieht die Familie als ein System von Menschen an, die miteinander ein bestimmtes Gefüge von Verhaltensweisen entwickelt haben. Jedes Teil des Systems spielt dabei eine bestimmte Rolle, soll diese verändert werden, muss das ganze Familiengefüge sich verändern. Kinder mit Wahrnehmungsstörungen können eine Herausforderung für die ganze Familie darstellen. Sie erfordern besondere Aufmerksamkeit von ihren Eltern, für die Geschwister ist das nicht immer leicht. Manchmal sind sie unflexibel und machen dadurch den Alltag schwierig. In Gesprächen mit der ganzen Familie helfen Familientherapeuten dabei wahrzunehmen, wie es jedem Mitglied der Familie geht und welche Veränderungen es sich wünscht. Gemeinsam können dann neue Lösungen für das tägliche Miteinander entwickelt werden.

Hilfe im Alltag

Wenn die Wahrnehmungsstörungen eines Kindes näher untersucht worden sind, können Therapeuten die Eltern und Erzieher des Kindes beraten.

Gemeinsam können sie Möglichkeiten finden, die dem Kind und der Familie, der Kindergartengruppe oder Schulklasse helfen, einen ruhigeren und harmonischeren Alltag zu erleben.
Dabei spielen folgende Faktoren eine Rolle:

- Verständnis für die Situation des Kindes
- Raumgestaltung
- Zeitgestaltung
- Aufgabenstellungen
- Struktur und Klarheit
- Rituale
- Verringerung der Reize

Verständnis für die Situation des Kindes

Wichtig ist es, zunächst zu verstehen, wie das Kind die Umwelt wahrnimmt und wie sich die Störung auf sein Empfinden auswirkt.

Kinder mit Überempfindlichkeiten z.B. in der Tastwahrnehmung oder der Gleichgewichtsverarbeitung sind häufig unsicher und ängstlich. Sie versuchen Irritationen zu vermeiden und verhalten sich entweder zurückhaltend und bewegungsarm oder überspielen ihre Unsicherheit durch viel Reden, Bewegen und Clownereien. Meist entwickeln die Kinder selbst Strategien und Gewohnheiten, die ihnen Sicherheit bieten. Dadurch wirken sie manchmal auf andere schwierig, unflexibel, pedantisch und eigensinnig. Sind die Kinder sehr zurückgezogen, fallen sie möglicherweise nur dadurch auf, dass sie langsam und ungeschickt sind und in der Kindergruppe nicht mitkommen. Leider werden ihre Probleme oft zu spät bemerkt, da sie die Gruppe nicht stören und angepasst wirken. Manchmal kommen diese Kinder erst mit 9 Jahren oder später in die Therapie und haben erhebliche Entwicklungsrückstände.

Kinder mit Unterempfindlichkeiten z.B. in der Tastwahrnehmung, dem Gleichgewicht oder der Eigenwahrnehmung suchen meist nach starken Reizen, um sich selbst, andere Menschen und Materialien besser zu spüren. Sie setzen häufig zu viel oder zu wenig Kraft ein und ihre Handlungen führen nicht zum gewünschten Erfolg. Sind die Kinder aktiv auf der Suche nach Reizen, werden sie von anderen als laut, störend, ungelenk erlebt. Sie machen viel kaputt. Von anderen Kindern werden sie abgelehnt, weil sie sie anstoßen oder zu heftig anfassen.

Diese Kinder sind schnell frustriert und werden wütend oder sie ziehen sich in sich selbst zurück und gehen anderen aus dem Weg, weil sie bereits viel Ablehnung erlebt haben.

Dies waren nur einige Beispiele, die Verhaltensweisen und ihre Interpretation durch die Umwelt sind jedoch so vielfältig wie die Individuen und Persönlichkeiten. Jedes Kind und jeder Erwachsene bildet seine eigene Vorstellung von der Welt und deutet seine Erlebnisse auf dieser Grundlage. Deshalb kann es zu vielen Missverständnissen kommen. Die Suche nach dem Verständnis für das Kind ist der erste Schritt. Ist dieser gelungen, entwickeln viele Eltern und Erzieher eigene Ideen für den Alltag, die es dem Kind leichter machen, sich wohl zu fühlen und sich an den Aktivitäten der Gruppe oder Familie zu beteiligen.

Jan hat es sehr geholfen, dass seine Erzieherin im Kindergarten versteht, warum er so wild im Garten herumläuft und sich oft verletzt, nachdem die Mutter ihr erklärt hat, dass er Wahrnehmungsstörungen hat. Sie hilft ihm jetzt beim Balancieren und Klettern im Garten und beim Turnen.

Raumgestaltung

Räume schaffen eine besondere Atmosphäre und geben bestimmte Möglichkeiten sich zu verhalten. So wirkt z.B. eine Turnhalle oder ein Spielplatz anders als eine Kirche. Jeder Raum ruft durch seine Größe, sein Licht, seine Ausstattung eine bestimmte Vorstellung ab und wirkt eher beruhigend oder anregend, er signalisiert uns, was wir in diesem Raum tun können. Wir sollten diese Möglichkeiten ausnutzen und Räume so gestalten, dass sie das Verhalten unterstützen, das wir uns vom Kind wünschen. Die meisten Kindergartenräume, Schulklassen und Kinderzimmer sind angefüllt mit Reizen: Es hängen Mobiles von der Decke, Bilder an den Wänden und an den Fenstern, Regale sind angefüllt mit Spielsachen und Arbeitsmaterial.

Für Kinder ohne Wahrnehmungsstörungen stellt dies kein Problem dar, sie können sich trotzdem konzentrieren. Wahrnehmungsgestörte Kinder reagieren jedoch unruhig und verwirrt auf diese Reizfülle.

Kinder mit Wahrnehmungsstörungen benötigen klare und eher reizarme Räume, die ihnen helfen, sich auf das zu konzentrieren, was von ihnen gefordert wird.

Es sollte deshalb eindeutige Arbeitsecken, Spielecken und Ruhebereiche geben. Bilder und Wandtafeln, die nicht mehr benötigt werden, sollten entfernt, zu viele Außengeräusche vermieden werden. In der Schule sollten die Kinder weit vorne und eher am Rand sitzen. Wenn möglich, sollte ein ruhiges und geduldiges Kind ihr Banknachbar sein. Der Platz des Kindes sollte klar abgegrenzt sein, es sollte nicht oft seinen Platz wechseln müssen.

Individuelle Regelungen müssen auf die Bedürfnisse des Kindes und die Arbeitsweise der Klasse und des Lehrers abgestimmt sein.
Jan darf bei Tischarbeiten in der Schule schon einmal für einige Zeit auf einem kleinen Luftpolsterkissen sitzen. Das hilft ihm, längere Zeit zu sitzen, denn das Luftpolsterkissen erfordert von ihm viele kleine Anpassungsbewegungen. So spürt er seinen Körper besser. Natürlich darf er dabei nicht zu wild werden.

Wenn möglich, sollte das Kinderzimmer Bewegung und Ruhe ermöglichen.

Eine alte Matratze, auf der man hüpfen darf, oder ein Schaukelstuhl können schon genügen. Eine Rückzugsmöglichkeit, wie z.B. eine Höhle aus Decken oder ein großer Karton, hilft dem Kind, sich nach einer Reizüberflutung zu erholen.

Zeitgestaltung

Wahrnehmungsgestörte Kinder haben oft ein anderes Bedürfnis, was die zeitliche Dimension einer Tätigkeit angeht.

Sie können eine Handlung nicht so lange ausüben wie andere Kinder oder sie brauchen viel mehr Zeit. Manchmal ist ihr Tagesrhythmus anders, weil sie Schlafstörungen haben oder zu anderen Zeiten hungrig sind. Dies kann zu Spannungen führen und eine Erziehungssituation, in der alle Kinder zur gleichen Zeit das Gleiche tun sollen, wird schwierig. Es kann wichtig sein, dem Kind kurze Pausen zu erlauben, es kurz aufstehen zu lassen, damit es wieder weiterarbeiten kann. Erzieher und Lehrer sind hier gefordert, kreativ mit den besonderen Bedürfnissen des Kindes umzugehen und gleichzeitig sicherzustellen, dass auch dieses Kind mit Wahrnehmungsstörungen die Anforderungen bewältigen kann, die an andere gestellt werden. Die größte Zahl der Kinder mit Wahrnehmungsstörungen ist normal intelligent und nicht lernbehindert. Geistig sollten diese Kinder deshalb auch entsprechend gefördert werden.

Aufgabenstellungen

Aufgaben müssen dem Niveau des Kindes entsprechen. Sie sollen es weder unter- noch überfordern.

Das setzt genaue Beobachtung und Planung voraus. Eltern und Erzieher sollten deshalb mit den behandelnden Therapeuten Rücksprache halten und gemeinsam die Anforderungen abstimmen. Die Aufgaben sollten dem Kind eine gute Rückmeldung ermöglichen, es sollte auch ohne einen Erwachsenen erkennen können, was es geschafft hat und wie es seine Leistungen verbessern kann. Anfangs wird dazu viel Unterstützung nötig sein. Das Kind sollte jedoch mit zunehmendem Alter selbst herausfinden, was ihm gut tut, was es sich zutrauen kann und wie es notfalls Hilfe bekommen kann, wenn es nicht alleine geht. Dies stärkt die Eigenständigkeit und das Selbstvertrauen und motiviert zu weiterem Lernen.

Übungen für den Alltag

Der Alltag bietet viele Wahrnehmungsmöglichkeiten.

Finden Sie heraus, welche Tätigkeiten Ihnen und Ihrem Kind besonderen Spaß bereiten.

Vielleicht gibt es auch andere Familienangehörige, wie z.B. Großeltern oder Freunde, die gerne eine der folgenden Aktivitäten mit dem Kind durchführen.

Essen zubereiten und Hausarbeit

Tätigkeiten wie Gemüse oder Obst putzen, schneiden oder raspeln, Äpfel oder Apfelsinen auspressen, Kirschen entkernen, Erbsen auspulen, Kartoffeln zerstampfen, Mehl in der Handmühle mahlen etc. geben dem Kind Tasterfahrungen und helfen ihm, Geschicklichkeit und Kraft zu entwickeln und zu lernen, wie die Kraft dosiert werden muss.

Beim Wäsche auf- und abhängen, Falten und Bügeln gibt es weitere Erfahrungsmöglichkeiten. Kochen und Backen sind ideale Tätigkeiten, die nicht nur die Handgeschicklichkeit und die visuelle Wahrnehmung fördern, sondern auch lehren, wie Handlungen in einem richtigen zeitlichen Ablauf vollzogen werden müssen. Sie geben Gelegenheit, mit Mengen und Gewichten umzugehen und helfen, einen Bezug zum Rechnen zu entwickeln.

Abb. 10a–c: Apfelsaft herstellen durch Reiben und Ausdrücken eines Apfels

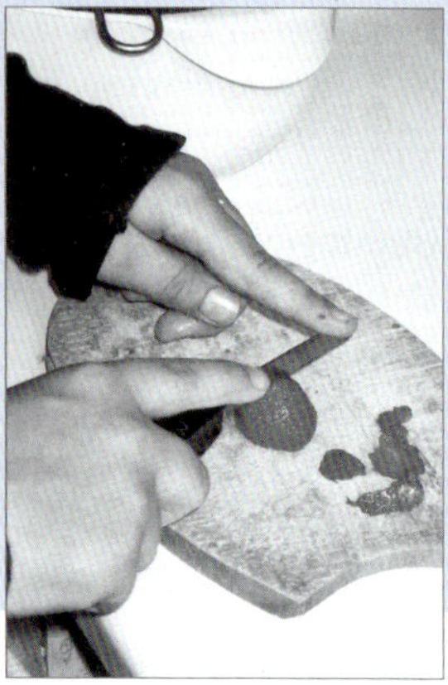

Abb. 11a, b: Obstkuchen belegen

Gartenarbeit
Im Garten kann man ebenfalls viele Tasterfahrungen machen und durch Buddeln, Schubkarre fahren, Unkraut jäten und Blumen gießen viele propriozeptive Reize erfahren. Das Kind lernt außerdem Verantwortung zu tragen und hat Erfolgserlebnisse, wenn Blumen und Gemüse in seinem Beet gut gedeihen.

Handwerk
Handwerkliche Aufgaben wie sägen, bohren, hämmern, Ton kneten, Papier falten, Kleisterbilder, Stein behauen oder raspeln u.s.w. geben dem Kind nicht nur sinnliche Erfahrungen und Geschicklichkeit, sondern stärken sein Selbstbewusstsein und seine Kreativität.

Rhythmik und Musik
Rhythmik und Musik eignen sich sehr gut, um die Konzentration, Ausdauer und Orientierung in der Gruppe zu unterstützen. Beim Musizieren benötigt man sehr viel Ruhe, Aufmerksamkeit und Geduld. Musik kann sowohl beruhigen als auch anregen und motiviert die Kinder meist sehr stark.

Sport
Sportarten wie Judo, Aikido, Yoga, Reiten oder Ballett wirken sich neben der Stärkung der Muskulatur, der Koordination und des Gleichgewichts ebenfalls auf das Sozialverhalten des Kindes aus, da sie Disziplin schulen und üben, andere wahrzunehmen.

Jan beendete nach einem Jahr die Ergotherapie. Er kam in der ersten Klasse gut mit, wünschte sich aber weiter regelmäßig zu turnen. Nachdem er verschiedene Sportarten ausprobiert hatte, entschieden er und seine Eltern sich für eine Judogruppe.

 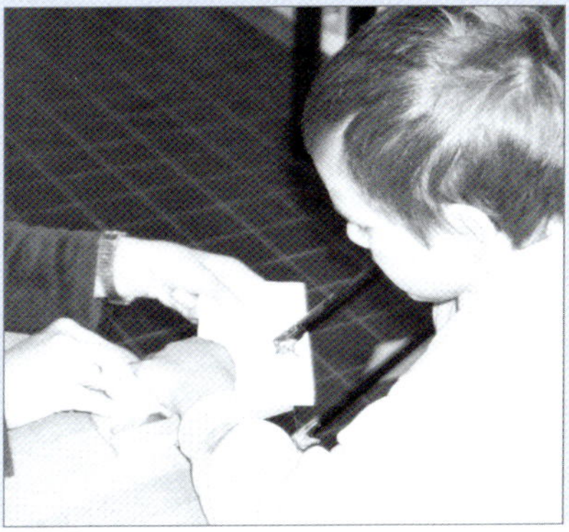

Abb. 12a, b: Holzarbeiten

Gezielte Übungen für einzelne Sinnesbereiche

In der folgenden Tabelle finden Sie nur einige Anregungen, wie Sinneserfahrungen zu Hause spielerisch erlebt werden können. Sie können keine Behandlung ersetzen! Sprechen Sie mit der Therapeutin, dem Therapeuten ab, welche Angebote gut für Ihr Kind sind.

Besonders bei einer Überempfindlichkeit oder taktilen Abwehr muss mit Vorsicht vorgegangen werden. Es kann besser sein, den betroffenen Sinnesbereich nicht direkt anzusprechen.

Ihre Therapeutin, Ihr Therapeut kann Ihnen genauere Auskunft geben. Achten Sie immer auf Reaktionen des Kindes wie Schwitzen, Übelkeit, Rötungen. Machen Sie nur Spiele mit dem Kind, die ihm Spaß bereiten und die es tun möchte.

Die für Ihr Kind richtige Reizintensität und Dauer ist sehr wichtig! Sprechen Sie mit der Therapeutin, dem Therapeuten darüber.

Tasten (taktile Wahrnehmung)	Muskel- und Gelenke (propriozeptive Wahrnehmung)	Gleichgewicht (vestibuläre Wahrnehmung)	Sehen (visuelle Wahrnehmung)	Hören (auditive Wahrnehmung)
Sand- und Wasserspiele	Schubkarre fahren	Balancieren auf Seilen, Linien, Mauern	Farben, Größen und Formen aussortieren	Klangdosen (z.B. aus Filmdosen) herstellen, mit verschiedenem Material wie Erbsen, Sand, Stein, Papierschnipsel etc. füllen und je zwei gleiche zuordnen lassen
Bohnen, Linsen- oder Reisbad	Kisten schieben oder ziehen	Laufrad, Roller fahren	Mit Bauklötzen, Lego, Eisenbahn oder Baufix nach Bildern bauen	Rhythmen nachklatschen oder trommeln
Verschiedene Bürsten, Feder, Samt, Kork, Holz, Steine etc. verdeckt ertasten	Sandsäcke ziehen	In einer Decke geschaukelt werden	Murmelspiele, Kugelbahnen bauen	Reimlieder singen, Handklatschspiele oder Verse zum Seilspringen
Malen in Rasierschaum, Kleister oder Fingerfarbe	Im Garten graben	Hängematte oder Schaukel im Garten oder Zimmer	Puzzle legen	Wortketten: Neues Wort suchen, das mit dem Laut des vorherigen Wortes anfängt, z.B. Haus-Sonne-Erde
Kneten von Salzteig, Kuchenteig, Ton oder Knete	Teig kneten	Über einer Rolle oder einem Ball schaukeln	Perlen nach einem Muster auffädeln	Auf Details in Geschichten achten und diese nachher wiedergeben
Blumen pflanzen, Unkraut jäten	Holz sägen, raspeln, schleifen	Sich im Kreis drehen	Seidenmalerei oder Aquarell malen „nass in nass"	Geschichten vorlesen und wenn ein vereinbartes Wort vorkommt, z.B. „rot", klingelt das Kind mit einer Glocke
Massagen mit Tennis- oder Igelbällen, mit einem Massagegerät (Vibration)	Hüpfkästchen, Seilspringen, Gummitwist	Schräge oder Rutsche rauf und runter klettern	Suchbilder	Nebelhorn: Mit verbundenen Augen einem Signalton folgen
Tastspiel (siehe Übung „Tasten" S. 25)	Trampolin springen	Klettergeräte auf dem Spielplatz	Durchpausen und Ausmalen von Bildern	Still werden und auf die Geräusche in der Umgebung lauschen

Tabelle 2: Übungen für einzelne Sinnesbereiche

Lernen
Wir können auf verschiedene Weise lernen. Für manche Menschen ist es leichter, wenn sie etwas bei anderen sehen, wieder andere brauchen Ratschläge oder Tipps und können diese umsetzen, ein anderer muss spüren, wie sich etwas anfühlt, bevor er es nachmachen kann. Am besten lernen wir, wenn möglichst viele Sinne angesprochen werden und wir etwas hören, sehen und fühlen können. Etwas selbst zu tun, zu erfahren, wie es sich anfühlt, hinterlässt die tiefsten Spuren und Lernprozesse. Bei einem Kind mit Wahrnehmungsstörungen kann es hilfreich sein, herauszufinden, über welchen Sinn es am besten etwas Neues aufnehmen und verstehen kann. Dieser Sinn sollte dann so viel wie möglich miteinbezogen werden.

Beispiel
Sarah fällt es schwer, die Buchstaben zu erlernen. Sie kann sie nicht gut abmalen, weil sie die Formen nicht richtig erfasst. Große Holzbuchstaben, die sie fühlen und umfassen kann, helfen ihr, die Form zu erfassen. Im Spiel erfährt sie zunächst die Verschiedenheit der Formen. Sie ummalt anschließend einige Holzbuchstaben in einer Schale mit Sand und dann auf dem Papier. Schließlich gelingt es ihr, die Linien auch frei zu malen.

Beobachten Sie, wie Ihr Kind am besten lernt.

- Lernen durch Nachahmung: Sie machen etwas vor, das Kind kann anhand Ihres Vorbilds sehen, wie etwas gemacht wird.
- Lernen durch verbale Hilfe: Sie sagen dem Kind, wie es sich bewegen soll oder welche Körperhaltung günstig ist. Diese Anweisungen helfen ihm, die Bewegung zu planen.
- Lernen durch Spüren: Sie führen die Hände oder den Körper des Kindes und lassen es spüren, wie sich die Bewegung anfühlt.

Gehen Sie immer langsam und geduldig vor und lassen Sie dem Kind genug Zeit, es selbst zu versuchen, bevor Sie ihm weiterhelfen. Denken Sie daran, dass das Kind aufgrund seiner Wahrnehmungsstörungen Probleme hat, die nicht allein durch den Willen zu kontrollieren sind (siehe Kapitel 1). Zeigen Sie deshalb Verständnis. Motivieren Sie es, etwas Neues auszuprobieren oder nicht aufzugeben, indem Sie es immer wieder dafür loben, dass es sich traut, sich bemüht, dass es weitermacht und bei der Sache bleibt.

Aus der Forschung zum motorischen Lernen lassen sich folgende Tipps ableiten:
- Die Aufmerksamkeit des Kindes nach außen auf das Ziel der Bewegung richten, nicht auf bestimmte Körperteile.
- Dem Kind die Führung überlassen. Wenn der Lernende selbst bestimmen kann, wann er von außen Hilfe bekommt und wann man ihm eine Rückmeldung

gibt, ist das Lernen effektiver. Fordern Sie das Kind deshalb auf, Ihnen zu sagen, wann es von Ihnen Tipps braucht und wann Sie ihm sagen sollen, was gut geklappt hat. Bleiben Sie aber trotzdem an seiner Seite und schenken Sie ihm Ihre Aufmerksamkeit.

- Dem Kind helfen, eine Strategie, einen „Trick" zu finden, wie es am besten klappt, z.B.: Wie kannst Du den Stift am besten halten? Lassen Sie es verschiedene Möglichkeiten ausprobieren und sich diejenige merken, bei der es am meisten Geschick oder Kraft hat (je nachdem, woran es fehlt). Das Merken gelingt besonders gut, wenn das Kind sich selbst ein Wort für diesen Trick sucht. Das Wort sollte am besten bildhaft sein, z.B. Bärengriff (stark wie ein Bär, locker wie ein Pudding etc. Hier ist die Fantasie des Kindes gefragt).
- Pausen beachten, nicht zu viel auf einmal üben.
- Man hat herausgefunden, dass die Leistungen besser werden, wenn man nach dem Üben schläft oder sich ausruht, da das Gehirn dann Zeit zur Verarbeitung hat.
- Tageszeit beachten, manche Kinder lernen besser morgens, andere am Nachmittag nach einer Erholungspause.
- Ein zweites Kind als Partner kann mehr Motivation und Ausdauer bewirken und das Kind kann sich vielleicht Anregungen holen. Die Kinder müssen aber gut harmonieren. Der Spielpartner sollte nicht so viel besser sein, dass seine Leistungen frustrierend wirken.

Struktur und Klarheit

Wahrnehmungsgestörte Kinder benötigen noch mehr als andere Kinder eine verlässliche Struktur des Tages und der Woche, um sich orientieren zu können.

Veränderungen überfordern sie meist und Symptome wie Unruhe und Unausgeglichenheit verschlimmern sich. Durch einen Kalender mit Bildern oder Symbolen und einer täglichen Markierung kann man dem Kind den Tagesablauf verdeutlichen und es auf den Tag vorbereiten. Trotz dieser Fixpunkte sollte man aber nicht zu starr werden, da dauernde Veränderungen zum Leben gehören und das Kind auch nach und nach lernen muss, mit ihnen umzugehen.

Klarheit in der Kommunikation und eindeutige Regeln sind ebenso wichtig.

Folgende Vorgehensweisen können dem Kind helfen, sich angemessener zu verhalten:

- Widmen Sie dem Kind über den Tag verteilt immer wieder Momente ungeteilter Aufmerksamkeit. Diese kurzen Zeiten, in denen Sie ihm zuhören, etwas mit ihm machen, sei es auch nur für zwei bis fünf Minuten, bewirken oft mehr als eine ganze Stunde am Stück.

- Achten Sie auf direkten Blickkontakt, wenn Sie dem Kind eine wichtige Aufforderung oder Regel mitteilen.
- Formulieren Sie kurz, einfach und verständlich und in positiver Weise, was Sie von Ihrem Kind erwarten. Es ist wesentlich wirkungsvoller, dem Kind zu sagen, was es tun soll, als ihm zu sagen, was es nicht tun soll.
- Achten Sie darauf, dass Konsequenzen direkt auf die Handlung des Kindes hin erfolgen. Diese sollten logisch sein, in Zusammenhang mit dem Verhalten stehen und für das Kind nachvollziehbar sein.
- Loben Sie das erwünschte, positive Verhalten des Kindes. Sagen Sie ihm genau, was Sie gut finden.
- Besuchen Sie eine Erziehungsberatungsstelle (der Stadt, Gemeinde oder Kirche) oder ein Elterntraining z.B. nach der Methode Triple P (siehe Literatur), wenn es zu immer wiederkehrenden Konflikten und Schwierigkeiten kommt.

Planen Sie für sich selbst Erholungspausen und Entlastungen in den Tag und die Woche ein. Sorgen Sie für einen Ausgleich wie Sport oder ein Hobby, etwas das Ihre Energien wieder auflädt.

Wenn Sie ausgeglichen sind, haben Sie mehr Geduld und Freude in der gemeinsamen Zeit mit dem Kind.

Rituale

Rituale haben für Menschen eine wichtige Bedeutung. Sie ordnen das Leben, geben ihm Struktur und machen es vorhersehbar. Rituale werden häufig in der Gemeinschaft durchgeführt und stärken die Beziehung zwischen den Menschen. Für Kinder mit Wahrnehmungsstörungen können sie wichtige Anker im Alltag darstellen. So kann der Tag mit einem Morgen-Ritual beginnen, das dem Kind bereits einige Reize bietet, die ihm helfen, sich zu spüren und sich auf den Tag einzustellen. Das können z.B. ein paar Bewegungsübungen sein, eine Massage oder ein Lied, je nachdem, welcher Sinneskanal angesprochen werden soll.

Die behandelnde Therapeutin oder der Therapeut kennt Ihr Kind genau und kann empfehlen, wie ein Ritual aussehen könnte.

Es ist nicht immer sinnvoll, den Sinneskanal, mit dem das Kind Schwierigkeiten hat, direkt anzusprechen, manchmal kann ein Umweg über einen anderen Kanal viel besser helfen, um z.B. eine taktile Abwehr abzubauen. Ruhe- und Entspannungsphasen sollten ebenso wie Bewegungsphasen in den Tagesablauf eingeplant werden. Autogenes Training oder Yoga für Kinder sind gute Möglichkeiten. Die

Psychomotorik bietet Übungen, die auch in einen Gruppenalltag eingebaut werden können.
Nach der Schule und vor den Hausaufgaben kann ein kleines Ritual helfen, sich vorzubereiten. Ein Lied, eine Geschichte oder ein paar Minuten im Schaukelstuhl oder in einer Hängematte schaukeln genügen oft schon.
Auch das Ende des Tages kann durch ein Ritual erleichtert werden. Das Kind sollte genug Zeit haben, Ihnen von seinem Tag zu erzählen und zur Ruhe zu kommen.

Verringerung der Reize
Durch unsere moderne Lebensweise sind wir mit einer Flut von Reizen konfrontiert. Überall hört man Musik, Motorengeräusche, sieht Dinge, die sich bewegen. Dies erschwert es dem Kind mit Wahrnehmungsstörungen, Reize auszuwählen, die für es wichtig sind.

Medien wie Computer und Fernsehen überfordern das Kind und lassen es noch überreizter werden.

Dosieren Sie deshalb den Konsum dieser Medien, auch wenn es den Anschein hat, dass das Kind dadurch ruhiger wird. Besonders vor dem Einschlafen sollten sie vermieden werden.

Sinneslust statt Sinnesfrust

Die Sinne sind Quelle zahlreicher Freuden und Genüsse. Sie ermöglichen uns Spaß an unserem Körper, an der Umwelt, mit anderen Menschen. Denken wir an ein gutes Essen; an ein Fest mit Musik und Tanz; an einen Spaziergang durch einen schönen Herbstwald; die Farben des Meeres, an sein Rauschen, die Kraft der Wellen, die uns wiegen; an einen Tag in den Bergen mit Schnee und Sonne; an das Lachen der Kinder; an das fröhliche Tollen eines jungen Hundes.

Meist ist es die Natur, die die schönsten und wertvollsten Sinneseindrücke vermittelt, wenn man dazu in der Lage ist, dem Duft einer Rose und dem Rauschen des Windes in den Blättern seine Aufmerksamkeit zu schenken. Kinder mit Wahrnehmungsstörungen können uns daran erinnern, wieder die einfachen und kleinen Dinge des Lebens zu suchen und herauszufinden, welche Reize uns erfreuen. Sie können uns den Weg zeigen, zu mehr Sensibilität und Achtung vor unserem Körper, seinen Bedürfnissen, seiner Komplexität und vor der Welt, die uns umgibt.

Literaturtipps / Websites / Kontaktadressen

Arbeitsgemeinschaft der Wissenschaftlichen Medizinischen Fachgesellschaften: Leitlinien der Gesellschaft für Neuropädiatrie, Wahrnehmungsstörungen, AWMF-online: www.uni-duesseldorf.de/WWW/AWMF/11/022-020.htm 10.01.2005

Affolter, Félicie: Wahrnehmung, Wirklichkeit und Sprache. Neckar Verlag Villingen-Schwenningen, 1990

Dornes, Martin: Der kompetente Säugling. Fischer Taschenbuch Verlag Frankfurt, 1997

Eliot, Lise: Was geht da drinnen vor? Die Gehirnentwicklung in den ersten fünf Lebensjahren. Berlin Verlag Berlin, 4. Aufl. 2003

Fisher, Anne G.; Murray, Elisabeth A.; Bundy, Anita C.: Sensorische Integrationstherapie. Springer Verlag Berlin Heidelberg, 2002

Firnhaber, Mechthild: Legasthenie und andere Wahrnehmungsstörungen. Wie Eltern und Lehrer helfen können. Fischer Taschenbuch Verlag Frankfurt, 9. Aufl. 2004

Frostig, Marianne: Bewegungserziehung. Reinhardt Verlag München, 1973

Frostig, Marianne: Teilleistungsstörungen. Urban & Schwarzenberg München, 1981

Fröhlich, Andreas: Basale Stimulation - Das Konzept. verlag selbstbestimmtes leben Düsseldorf, 1997

Hüter-Becker, Antje; Dölken, Mechthild: Physiotherapie in der Pädiatrie. Thieme Verlag Stuttgart, 2005

Kayser, Egon: Psychologie. Schulz-Kirchner Verlag Idstein, 2003

Montague, Ashley: Körperkontakt. Klett Verlag Stuttgart, 1974

Meier, Christine; Richle, Judith: Sinn-voll und alltäglich. Materialiensammlung für Kinder mit Wahrnehmungsstörungen. verlag modernes lernen Dortmund, 1994

Nacke, Angela: Ergotherapie bei Kindern mit Wahrnehmungsstörungen. Thieme Verlag Stuttgart, 2005

Pickenhain, Lothar: Basale Stimulation - Neurowissenschaftliche Grundlagen. verlag selbstbestimmtes leben Düsseldorf, 1997

Pikler, Emmi: Laßt mir Zeit. Pflaum Verlag München, 1988

Prechtl, Peter; Burkard, Franz-Peter: Metzler Philosophie Lexikon. Metzler Verlag Stuttgart Weimar, 1996

Pschyrembel. Klinisches Wörterbuch. Walter de Gruyter Verlag Berlin, New York, 259. Aufl. 2002

Schaefgen, Rega: Sensorische Integrationstherapie. In: Scheepers, Clara; Steding-Albrecht, Ute; Jehn, Peter: Vom Behandeln zum Handeln. Thieme Verlag Stuttgart, 2000

Schäffler, Arne; Schmidt, Sabine (Hrsg.): Mensch, Körper, Krankheit. Jungjohann Verlag Neckarsulm, 1994

Stiftung Warentest: Kinder. Stiftung Warentest Berlin, 2002

Stemme, Gisela; von Eickstedt, Doris: Die frühkindliche Bewegungsentwicklung - Vielfalt und Besonderheiten. Verlag selbstbestimmtes leben Düsseldorf, 1998

Von Loh, Sigrun: Entwicklungsstörungen bei Kindern. Kohlhammer Verlag Stuttgart, 2001

Zimmermann, Antje: Ganzheitliche Wahrnehmungsförderung bei Kindern mit Entwicklungsproblemen. verlag modernes lernen Dortmund, 1998

Ratgeber

Barnhofer, Tina; Knodt, Sybille; Weise, Ulrike: Nick und die Ergotherapie. Schulz-Kirchner Verlag Idstein, 2004

Biermann, Ingrid: Spiele zur Wahrnehmungsförderung. Herder Freiburg, 10. Aufl. 2004

Defersdorf, Roswitha: Drück mich mal ganz fest. Geschichte und Therapie eines wahrnehmungsgestörten Kindes. Herder Verlag Freiburg, 16. Aufl. 2004

Frank, Annegret: Streicheln, Spüren, Selbstvertrauen. Massagen, Wahrnehmungs- und Interaktionsspiele, Entspannungsgeschichten und Atemübungen zur Förderung des Körperbewusstseins. Ökotopia Verlag Münster, 2003

Hirler, Sabine: Wahrnehmungsförderung durch Rhythmik und Musik. Herder Freiburg, 3. Aufl. 2005

Kindergarten-heute spezial: Wahrnehmungsstörungen bei Kindern. Hinweise und Beobachtungshilfen. Herder Verlag Freiburg, 7. Aufl. 2005 (zu bestellen unter www.kindergarten-heute.de)

Kroeber, Ria: Fühlkiste und Schnüffelleine. Herder Verlag Freiburg, 2003

Löscher, Wolfgang: Wahrnehmungsspiele mit Alltagsmaterial. Don Bosco Verlag München, 2001

Meier, Christine; Richle, Judith: Sinn-voll und alltäglich. Materialiensammlung für Kinder mit Wahrnehmungsstörungen. verlag modernes lernen Dortmund, 1994

Rogge, Jan-Uwe: Kinder brauchen Grenzen. rororo Reinbek bei Hamburg, 1994

Rogge, Jan-Uwe: Der große Erziehungsberater. rororo Reinbek bei Hamburg, 2003

Saetre, Anne Marie: Peter und Nadine – zwei „normale" Kinder? Erkennen und Behandeln Sensorischer Integrationsstörungen unter Berücksichtigung neurologischer und psychologischer Aspekte der kindlichen Entwicklung. verlag modernes lernen Dortmund, 2000

Zimmer, Renate: Handbuch der Psychomotorik. Theorie und Praxis der psychomotorischen Förderung von Kindern. Herder Freiburg, 6. Aufl. 2004

Zimmer, Renate: Handbuch der Sinneswahrnehmung. Grundlagen einer ganzheitlichen Erziehung. Herder Freiburg, 12. Aufl. 2004

Websites

www.fruehbehandlung.de

www.elternimnetz.de

www.familienhandbuch.de

www.montessori.de

www.seht.de

www.wahrnehmung.ch (zum Affolter-Konzept)

www.waldorf.net

www.triplep.de

www.med.uni-marburg.de (auditive Wahrnehmung)

Selbsthilfegruppe

Bundesweit:
Bundesvereinigung SeHT – Selbständigkeitshilfe bei Teilleistungsschwächen e.V.
Dr. Walter Herrmann
Niedererdstr. 105
67071 Ludwigshafen
Tel: 0621 / 685 88 42
Fax: 0621 / 685 87 43
E-Mail: bv@seht.de
www.seht.de

Lokal:
Es gibt zahlreiche lokale Selbsthilfegruppen. Fragen Sie die behandelnden Therapeuten, im Kindergarten oder in der Schule nach Adressen und Ansprechpartnern.